熊本地震2016の記憶

岩岡中正・高峰武［編］

弦書房

目次

はじめに

平成二八年四月一四日と一六日の二度にわたる震度七の激震が熊本を襲った。関連死を含む死者は二八年一二月二八日現在一七八名。まずは何より亡くなられた方に哀悼の意を表したい。避難所で過ごす被災者は一時、一八万人を超えた。しかし、七ヶ月後の一一月上旬にはこれも閉鎖されて、やっと復興の光も見えはじめた。

阪神大震災や東日本大震災に対する熊本地震の一番の特徴は、何よりもその期間の長さにある。もちろん被害は今も終らないが、私たちは、時々刻々地震の衝撃と不安に翻弄され耐えながら暮らしてきた。

熊本地震とは何だったのか。地震の衝撃から復興へ、その間私たちはどんな気持ちで何を思い考え、どう行動し、これをどう記録し、表現してきたか。私たちは未来へ向けてこの体験とその思いを書き残しておかなければならないと考えて、本書を編んだ。つまり私たちは、半年を過ぎた今立ち止まって地震をふり返り、あらためて地震からのさまざまな衝撃と被害を客観的に受けとめてこれを整理し記録することで、私たちがこの地震の記憶を共有して意図的に残し自然と人間、人間と人間の関係やそれらの未来について考えるきっかけになればと思ったのである。

本書は、大きくV部から成る。I部〈想う〉では、地震の中心地の益城町や南阿蘇村の現場や報道のデスクから高峰武氏、浪床敬子氏、和田要氏、毛利聖一氏、さらには、もっと幅広く水俣（緒方正人氏）や文明史の視野（渡辺京二氏）から、この大きな地震について〈想う〉ことが語られる。

Ⅱ部〈詠む〉では、半年にわたる今回の地震の衝撃と感動が、春夏秋へと移ろいゆく季節の中、私とその仲間の俳句という形で表現されている。自然と人間の予定調和的関係が崩れる地震という衝撃と危機に対して、人間はどう感じ何を考え表現しようとしたのか。危機を表現することで、私たちは少しでも精神的バランスをとって何とか自然との調和的関係を回復しようとしたのかもしれない。

Ⅲ部〈書く〉は、熊本市の老舗古書店主河島一夫氏の震災日記の一部である。これは地震の衝撃に対する、本人、家族、店主、そして町の世話役でもある筆者の思いと行動、さらには町の動きが手にとるように分かる生の資料である。

Ⅳ部〈繋《つな》ぐ〉は今回の地震について、歴史を辿って考えるものである。つまり今回のような大地震は、昔もあったのだが、実は忘れていたりする。そこで、私たちはあらためて歴史を振り返って、かつて人々がどんな被害を受け、そこで何を考え行動し復興してきたか。これを辿ることで、私たちは力づけられたり、再生の知恵を得たりするだろう。これを、熊本大学永青文庫研究センター長で「熊本被災史料レスキューネットワーク」代表でもある稲葉継陽教授が語る。

最後のⅤ部は〈資料〉で、平成二八年四月から一二月末までのほぼ八ヵ月間の地震の各種データを、簡単な年表とともに示すことで、熊本地震全体の理解の一助としたい。

今回の地震のような大きな危機は、私たちの自然観、文明や社会のあり方、それに価値観全体に大きな衝撃を与えるとともに、今の私たち自身や社会のあり方について、新しい発見や良き教訓を与えて、これらを根本から考え直す機会を与えてくれた。私たちは、今回の地震による危機について考え記憶することで、私たちが今いる位置を再確認し、そこから未来を構想する力を得るにちがいない。本書がそのために少しでも役立つならば幸いである。

岩岡中正

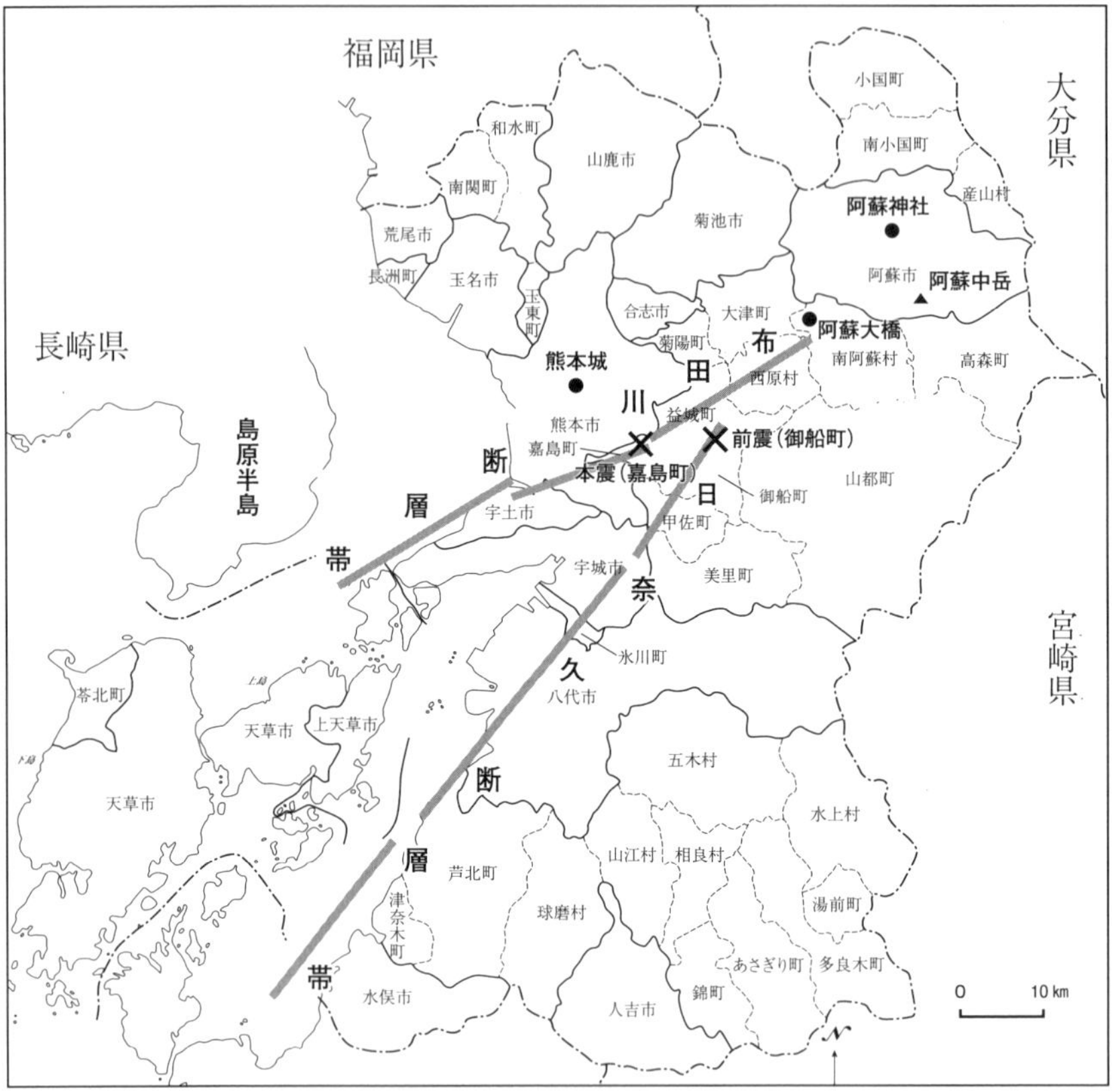

熊本県全図。前震（2016年４月14日）、本震（2016年4月16日）の震源の位置は×印で示している。

［カバー写真］
熊本城。頬当御門から天守閣に向かう通路。
奥は宇土櫓（2016 年 7 月 28 日）
［本扉写真］
年の瀬の仮設住宅で遊ぶ子どもたち
（2016 年 12 月 29 日、西原村）
――写真は熊本日日新聞社提供

Ⅰ 想う

熊本の地から　私には友がいた！

渡辺京二

この原稿の注文を受けたとき、考えてしまった。決定的な二度目の激震のあと、まだ三日目である。家中に倒れた家具、特に書棚が積み重なり、厖大な書物が散乱し、やっと最低限の生活空間をぎりぎり作り出したばかりだ。その空間を作ってくれたのは娘夫妻で、老衰のわが身は何もできず、ひたすら二人の負担になったのみ。ただ倒壊した家具・書物の山に囲まれながら、座卓の前に坐り、読みかけていたツキュディデースの『戦史』を読み継いでいた。体力も気力も湧いて来ようがない。

こんなときに原稿が書けるのか、いや書いていいのか。娘夫妻が絶望的な状況で苦闘しているのに、何の手助けもできぬ私が。だが、そんな自分だからこそ、このたびの経験を文字にしておくのが、せめてもの務めではないのか。そう思い返してペンを取る。

災害というのは型にはまったもので、何も熊本のわれわれが初めての経験をした訳じゃなし、詳述しても退屈なだけとは知りつつ、一応あらましを書いておく。

四月一四日午後九時二六分の第一震はＭ６・５、生まれてこのかた経験したことのない激震だった。キッチンの食器が大量に割れ、一階の私の居室、二階の娘夫妻の居住空間、書庫にわたって、かなりの書棚が倒れて書物が散乱した。しかし、翌日には京都に単身赴任している娘婿と、水俣にいる長男が駆けつけてくれ、余震が続く中、夜までには何とか原状を回復した。以上は大変な経験だったが、それで終れば何ということはなかったのである。震源に近い益城町《ましき》はもっと惨憺たる有様だった。わが家は震源から二里とは離れておらず、それだけに被害は小さくはなかったというだけだった。

一応片づけが終った一五日の深夜、正確にいうと一六日午前一時二五分、Ｍ７・３の第二震が襲った。第一震など較べものにならぬ衝撃で、まだ座卓に向かっていた私は、前後左右、仏壇・書棚・ＣＤ棚が倒れかかる中、ただ座卓にしがみついていた。灯りは消え真暗闇。背後右手の最も重い書棚が倒れる際、右肩に打撲を受けた。もし私が床を延べて寝ていたら、頭部まで書棚・書物に直撃され、死ぬか重傷を負っていただろう。ツキュディデースのおかげで助かったのである。

真暗闇の中、倒れたもので包囲され、わずかに座卓前だけ残された五〇センチ平方にもみたぬ空間で、私はどれくらい身動きできなかったろう。そのとき思ったのは、とうとうこういう結末が来たということだった。娘夫妻のいる二階からは何の物音もしない。娘が階段を降りて来て声をかけるまで、どのくらい経ったのか。二階もあらゆる物が倒れ、一階に降りて来るにはまず通路を作らねばならなかったのだ。

自分が役立たずと感じた

その後のことは書かない。幸い電気は回復したが、水がとまりガスが消えた。最も困ったのはいうまでもなく断水である。それでも何とかしのいだだけのことだ。多くの知人がこの夜もまたその後の夜も、車の中や避難所で過したのに較べれば、私たちは屋内に躰を横たえる空間をやっと作れただけでも、ましだったと思わねばなるまい。

災難は今回で二度目という気がする。というのは、私は旧制中学三年のとき大連で敗戦を迎え、引き揚げるまで一年半、敗戦国民として悲惨を味わったからだ。特に二年目の冬がひどかった。常食は高粱《コーリャン》でつねに飢えていた。零下十数度までくだるのに、石炭が切れて暖房なしに過した。家は接収され、他の日本人住宅に同居を強いられた。引き揚げ船には手荷物だけで乗った。全所有物を失ったのだ。引き揚げてみると、当にした親戚は空襲で焼け出されていて、彼らが転がりこんでいたお寺の一隅に、さらに私たちが転がりこんだ。それでも、芋まじり麦まじりの米の飯が喰えるのだから、天国だと私は思った。

安穏便利な生活などは仮象で、災害・戦争・飢饉などで追い立てられ、流浪せねばならぬのが人生の本質だと、この少年の日の経験以来私は思いこんだ。高度成長から高度消費社会へと世の中が変り、昔は思いもよらぬ「豊かな」暮しとなっても、その思いこみは消えなかった。だから、いわゆる三・一一のときも、まるで日本が滅びんばかりの論調が不思議でならなかった。史書は人間の歴史とは災害の歴史であり、理不尽な苦難と大量死を乗り越えて今日に至っていると教えているのに。

敗戦後の苦難と、今回の災害は、形態は違うものの、生活基盤を脅かされる点では同一といってよい。だから私は二度目というのである。しかし、経験の質はまったく異なっていた。私は年齢というものを勘定に入れていなかったのである。敗戦後の私は十代であった。躰をいくら酷使しても疲れを知らなかった。苦難は冒険とさえ感じられた。この時期の記憶は、私の生涯でも最も生気に満ちている。

しかし、いま私は八十五歳、今度ほど自分が役立たずであるのを感じさせられたことはない。これほどの災害に遭いながら、心はもの憂く、何もせぬのに躰は疲労し尽している。何くそと奮起するものもない。無力感を抱きつつ、もう面倒で厄介なことはいやだなあと、安穏を夢みるばかりなのだ。いや災害のせいではなく、去年にはいってから心身ともにもの憂くなっていた。大地震はそれを仕上げたのである。そして反省しきり。

書物に執着しすぎたのである。買いこみに買いこみ、一六年前娘夫妻がこの家を建ててくれた時、わざわざ設けてくれた書庫に収まりきれず、居室、リヴィングルームにも侵入、さらに二階の娘夫妻の居住空間を大幅に侵略し、近くに買った書庫用のマンションに収納しても追いつかず、遂に今回の惨事を招いた。むろん地震は私が招いたのではない。しかし、大量の本さえなければ、わが家はこれほどの惨事にはならなかった。

いまは書物を含め、すべての所有物が煩わしい。身ひとつなら、どんな転変にも処してゆける。いざとなれば野末で果ててもよい。だが、残されたあと何年かは、もう少しものを書いてすごしたい。私の場合、それには文献がいる。集めた本は私の年来の主題に即して系統をなしているので、どの部分も切り捨てられぬ。とすれば、これを保持して生きねばならぬのか。頭の痛いことだ。

だが、それは人類にとって文明は重荷だというに等しい。祖先以来築きあげたものは、担い通してゆかねばならぬ。私は老いの弱音を吐いたけれども、吐きつつ荷を負ってゆくつもりではある。文明とは善きものだ。だが、今回の災害をまつまでもなく、持ち重りするものなのだ。

人の交わりを痛感した

ありがたいことに、世の中は私のような老人ばかりではない。熊本大学近くに住む友人に聞いたことだが、彼の家の前を学生たちは、災害によってかえって活気づいたように、笑い声をあげ嬉々として通り過ぎるそうだ。大連で敗戦を迎えたのが私にとってよきことだったのは、若かったからだ。いまの若い人が東北大災害と熊本大地震を経験したのは、私の場合とおなじようによきことなのだ。このふたつの悲惨事は、これから社会を担ってゆく人びとにとって貴重な経験になるにちがいない。高度化・複雑化・重量化する文明を、いかにして質を落すことなくかえって高めながら、より操り易くより軽量でより人間に馴染み易いものに転換してゆくかという困難な課題に取り組まねばならぬのは彼らなのだ。

この度の惨事で、私は改めて人間の交わりということを痛感させられた。驚いたことに電話・メール・FAXで私の無事を気遣って下さった方々は数十人にのぼった。互いに連絡をとり合う在熊の友人も十数人はいた。

私は石牟礼道子さんの仕事を五十年近く手伝って来た。彼女はパーキンソン病を患い老人施設に入居していたが、その施設が機能を失い、彼女の部屋も無惨に破壊しつくされて、一昨日病院に収容された。身ひとつで一銭ももたず、着替えもなく入院した彼女に、当座必要なものを届けるのは、老衰した私のよくするところではなかった。福岡のある新聞記者が彼女のため肌着・ノート・ペン・老眼鏡を買い求めて、わざわざ車で渋滞する道路を何時間もかけて、深夜私の家まで送り届けてくれねば、また翌日、惨憺たるわが家を放り出して、施設や病院へ車を出してくれた友人がいなければ、彼女はいまだにひとり、着のみ着のままで放っておかれたはずである。何という共同の力であることだろう。

私はまたこの病院が、あの二度にわたる大衝撃にもかかわらず、人手を確保して機能しているのに感銘を受けた。医師・看護師・事務職ともども、わが家は惨事であるはずなのに、驚くべき責任感の強さだ。病院だけではない。自治体職員にせよ、交通・郵便関係者にせよおなじことだ。今日一八日、何ということならん、東京から速達が届いた。読者のかたの慰問状だった。

人間は捨てたものではない、いま私は強くそう感じている。未来の人間のあらまほしき姿が、惨事の中から立ち現われた。三・一一のときもそうだったのだろう。これから必然となる復興の過程で、この姿が歪んだり、消え失せたりするかどうかは、私たち自身にかかっている。

はじめに書いたように、老い果てた私が体力も気力もなく、「どこまで続くぬかるみぞ」という徒労感に包まれているのは、偽わることのない真実である。実はこういう虚無に面するのも悪くはない。それに面してこそ、凡庸な言い草だが、人との交わりの真価が姿を現わす。

この度の経験で私は、単なる友というのでなく信じうる友、自分のことを気にかけてくれ、自分もその人のことを気にかけている友が、熊本だけで二十人以上もいるのに驚いた。人の交わり、友というのはむつかしいものである。よいことばかりであるはずはない。だが、どんな理屈よりも、こういう大災難時に立ち現われる互いの気遣いは現実的であり、事実に即して実証的である。こういう交わりを作って来たのは、おたがいの思想的模索の過程だった。いまはそのことを再考し、これからその交わりをどう仕上げてゆくのか思案するのみだ。

（「文藝春秋」二〇一六年六月号）

「おそれ」という生命感覚が呼び戻された

緒方正人

この度（四月一四日）、いきなり震度七の地震発生（前震）ではじまった熊本大震災は、その二日後の未明またしても震度七の本震発生によって甚大な災害をもたらし、今も続く余震は六月末現在すでに千回を超えているという。

多くの人々が「この事態は一体何としたことか」と、その衝撃と不安のなか途方に暮れ狼狽するほかはなく、どの様に捉え対処すればよいのか。それまでの体験と記憶の枠組みを超える事態であった。

それは、直接の原因が自然界の働きによる為であり、どこかのダレの責任とは言えない重大事であるが故であろう。その為、他の社会的事件の場合と違い「責任を問う声は出ない」。他方、自然界の驚異を思い知らされ、日常において忘れかけている畏怖の念を抱き、おそれの生命感覚が呼び戻された思いである。それは、人間とその文明社会が自然界の決定的規範の内に、生き物の一種としてその存在が規定されていることを物語る。それ故に、古代より人為を超越した天変地異にあっては、その「おそれ」から許しを請う祈りを捧げてきたものと思う。この現代にあっても、人間中心主義の思いあがりと科学信仰の文明社会に拳骨をもらった気がする。

また、「地震による被害は」と耳にするときがあるが、それだと地震は加害となってしまい、たんに不吉な忌まわしいことと受けとめられてしまう。水俣病事件がそうであった。私は、加害とか被害とか責任といった言葉に「意味的計量可能性という」前提が隠されているその胡散臭さを感じている。

果して歴史上人間が責任を取り得たことなどあったのだろうか。むしろ責任がとれないところに存在的な罪深さがあったのではと思うのである。

（季刊「魂うつれ第66号」二〇一六年七月号）

一変した古里の風景

高峰　武

熊本地震は熊本の風景を一変させた。特に、熊本を代表する阿蘇と熊本城がその姿を変えた。阿蘇では大規模ながけ崩れで阿蘇大橋が崩壊、緑の草原に亀裂が走った。四〇〇年の歴史を誇る熊本城もかつてない被害を受けた。シンボルの天守閣は瓦が吹き飛び、代名詞だった石垣も至る所で崩れ落ち、国の重要文化財の櫓などが倒壊した。地震の被害は時間を追うごとにその実相を変えていく。以下の記事は地震から二週間、一カ月、五カ月という時点で、熊本日日新聞のコラム「想」に書いたものだ。「『地震のない県』で起きた地震」は、地震後三カ月の時点でのレポートである。

若葉の中、「一歩」前に

内輪の事ですが、あえて紹介したいと思います。同僚のあんな顔を見たのは初めてだったからです。

二度にわたって震度七を記録した熊本地震は大きな被害を出しました。と過去形で語るには早過ぎることでしょう。現在進行形です。

同僚も伯父さんを亡くしました。農家の長男でコメやスイカを作りながら、母親や祖父母、父親代わりで五人の妹弟の面倒をみてきました。妹の子どもである同僚も随分可愛がられたようです。

そして一六日未明の大地震。伯父さんは、落ちてくる木材から守るためでしょう、奥さんに覆い被さるようにして亡くなっていました。幸い、奥さんはけがで済んだのですが、密葬で車いすに乗った奥さんは「おとうさんがおらんと生きていけん」と、棺《ひつぎ》に横たわる夫に声を上げました。

これは熊本日日新聞の記事からの紹介ですが、書いたのは実は同僚なのです。

余震が続く中、災害現場は広がり、深刻さは増します。伯父さんと同じ町に住む同僚は、自分の家族を避難させながら、同時に取材スタッフの一員ともなりました。亡くなった伯父さんを最も知るのが同僚です。議論の末に、同僚が記事を書いたのでした。

幾つもの現場を経験する記者ですが、やはり身近な人の死はこたえます。しかもそれを公の記事にすることは、別次元の深い葛藤があります。同僚には「がんばって」としか月並みなことしか言えませんでしたが、しかし、被災地のあちこちで、言うに言われぬ気持ちをじっとかみしめている人がたくさんいます。あえて紹介しました。

余震が続く中、柔らかな光を感じることもありました。熊本市の熊本学園大学はグランドが避難所に指定されていただけでしたが、避難者の多さから校舎の開放を決め、さらには障害者用に大学の大ホールも開放しました。最大時には七〇〇人が避難。障害者六〇人もおり、福祉関係の教職員や介護の専門家、学生ボランティアなどが二四時間態勢で見守っています。障害者の避難所は大規模地震では国内初と言います。提携する福島大学の「うつくしま未来支援センター」も参加しています。避難者は弱者で、その中でも障害者は

頬当御門から天守閣に向かう通路。崩れた石垣でふさがれたままの状態となっている。
奥は宇土櫓（2016年7月28日、熊本日日新聞社提供）

また弱者です。やろうとする一歩が大事。「前へ」です。こうした一歩は各地で行われていることと思います。

これから長丁場の闘いが続きます。私が関係しているものに、熊本市中央公民館の自主講座があります。六二講座、約一六〇〇人が受講しているのですが、中央公民館が使用禁止となり、すべてが休講となりました。地味な講座ですが、熊本の文化をしっかり支えていた市民講座です。人命には比べるべきもないことですが、こうした日常が壊れたこともまた事実でしょう。

阿蘇神社や熊本城が無残な姿をさらしています。傷んで初めて、かけがえのない風景だったと気付きます。心が痛みますが、再建へ募金も届き始めました。県民の英知を集めましょう。熊本城を築城当時のように復元できないか、あえて、こんな前向きな議論があってもいいのかもしれません。

「そのさま、世の常ならず。山は崩れて河を埋《うづ》み（略）土裂けて水湧き出て、巌《いわお》割れて谷にまろび入る」

鴨長明の『方丈記』（ちくま文庫）の「元暦《げんりゃく》の大地

震」のくだりです。元暦二年、一一八五年。今から八〇〇年以上も前ですが、二〇一六年の熊本県民が経験した風景でもあります。

日本人を考える時　ケネディ米大統領と大平正芳外相（当時）とのやりとりを何度も思い出します。大統領が「戦後、日本はどうしてあんなに早く復興できたのか」と聞くと、大平外相がこんなふうに答えたそうです。

「日本は地震や台風など自然災害の多い国だ。被害を受けるたびに、なにくそ、とがんばってきた、そういう民族だ」

戦争と災害は同列には並べられませんが、しかし、災害列島で日本人が歯を食いしばって歴史をつくってきたことは事実でしょう。「負けんバイ」「がまだせ」「がんばるモン」「支え合おう」。自分の好きな言葉でいきましょう。

今回は「私」のことが多くなりました。いろんな「私」が集まり「みんな」になり、「社会」になると思うからです。熊本地震は県民共有の記憶となりました。大型連休です。被災者、被災地に心をぐっと寄せながら、五月の若葉と青空に向かって心のこいのぼりを高く揚げる、そんな熊本でもありたいと思います。

〈平成二八〈二〇一六〉年五月二日、熊本日日新聞「想」〉

前例のない事態　前例のない対応で

「毎日、家の形が変わっていくのを見るのはつらいものです」

震度七を二回記録した益城町に住む知人は言います。倒れた家屋の間を縫って通勤していますが、余震や雨の影響で、傷んだ家屋の傾きが段々ひどくなっているそうです。

葬式もできず、遺骨を仮安置したままの人もいます。避難所生活の人もいます。ひび割れた田んぼを前にした被災者もいます。熊本地震から一カ月続く余震の中、被害の大きさに息をのむような日々が続きます。

前例のない事態には前例のないやり方を。過去の例にしばられない「熊本方式」が必要です。とりわけ政府には地元負担のないかたちでの復興の青写真を一日も早く示してほしいものです。

自宅書庫の整理をようやく始め、棚から飛び出た吉村昭さんの『三陸海岸大津波』（文春文庫）に気付きました。一八九六（明治二九）年、一九三三（昭和八）年の三陸地震津波、一九六〇（昭和三五）年のチリ地震津波の体験者らを取材した記録文学ですが、細部にこだわった吉村さんの目が全編を貫きます

三陸海岸は度重なる大津波に備えて防潮堤を築いてきました。岩手県宮古市田老地区は高さ一〇《メートル》、長さ二・四《キロ》もの防潮堤を造ったのですが五年前の三・一一の大津波であっけなく破壊されました。

二〇〇六年に七九歳で亡くなった吉村さんは同書のあとがきで、「今も三陸海岸を旅すると、所々に見える防潮堤とともに、多くの死者の声が聞こえるような気がする」と書いています。死者たちの声にどれだけ真剣に耳を傾けてきたか。三・一一の直後にこの本を手にした時、そんな思いにかられたのですが、その後

すっかり書庫の奥に入ってしまっていたのでした。それが今回の熊本地震で飛び出したのです。喉元過ぎれば、ということでしょう、ガツンと頭を殴られたような思いになりました。

地震の後　さまざまな人から本紙に原稿を寄せてもらっていますが、ある世代の共通点に気付きました。それは、戦争と戦後の風景に熊本地震の風景を重ねて論じている人の多さです。一カ月を過ごし、今度の地震があの戦争を思い出すほどの衝撃だったんだ、とあらためて思います。そこにはまた困難な時代を生き抜いてきた自身の戦後史が投影されています。

熊本城の無残な姿が気になって、熊本大学永青文庫研究センターの稲葉継陽《つぐはる》教授を訪ねました。同大学の図書館地下にある古文書類は無事だったそうですが、稲葉教授と話をしていて熊本城が地震で破損したのは初めてではないことを知りました。

江戸時代、記録に残っているだけでも熊本は三回の地震に襲われています。一六一九（元和五）年、一六二五（寛永二）年、一七二三（享保八）年です。このなかで、一六二五年の地震の熊本城に関する文書が残っていました。

熊本藩初代藩主・細川忠利が小倉、父の忠興が中津にいたころ。小倉城の奉行の記録「萬覚帳《よろずおぼえちょう》」に書き留められていたのは、小倉から肥後に見舞いに行った二人の報告です。

「肥後では先月（六月）一七日夜、大地震《おおなえ》があり、天守ほか城中の櫓《やぐら》、くらが壊れ、木立ばかりが残り、瓦はみな落ち、城中で五〇人ほどが亡くなった。火薬庫から火が出て大爆発が起き、あたり一面の家も吹き飛んだ…」

稲葉教授によると報告はおよそこんな内容です。加藤家二代目忠広の時代。すさまじい地震だったようです。「天守、櫓が壊れ、木立ばかりが残り」など、四〇〇年後の今の風景と同じです。

肥後に入った細川家の文書には城の修理を幕府に願い出る文書が目立ち、稲葉教授は長年疑問だったそうですが、「萬覚帳」を見て「地震の影響だったんだ」と合点したと言います。城を守るのは自然との闘いでもあったのです。

熊本城の惨状にショックを受けている私たちを見て、当の加藤清正は「わしの城でまだ飯を食っていたのか」と苦笑するかもしれませんが、近世、近代、現代、四〇〇年の歴史を重ね、熊本城は熊本にとってなくてはならないものになっています。

清正が仕えた豊臣秀吉は「一夜城」を造ったと伝わりますが、熊本城再建の過程そのものが歴史になるような知恵を絞りたいと思います。二一世紀の熊本城を造る壮大な物語の主人公に私たちがなる、熊本城再建にそんな夢を持たせたいものです。「五〇年、一〇〇年、褌《ふんどし》を締め直したいですね」。永青文庫にどっぷり漬かる稲葉教授らしい例えです。

〈平成二八〈二〇一六〉年五月一六日、熊本日日新聞「想」〉

被写界深度の深い復興を

一七六〇（宝暦一〇）年、徳川幕府第九代将軍・徳川家重《いえしげ》が引退し、家治《いえはる》が将軍になった時に江戸でこんな狂歌がはやったそうです。この年、江戸は四〇〜五〇年なかった大火に見舞われます。

「左右より　ひの出をあおぐ右大将《うだいしょう》　実《げに》おおやけの御代《みよ》ぞめでたき」

「ひの出」の「ひ」は「日」と「火」を、「おおやけ」は「公」と「大焼け」を掛けており、「右大将」は「将軍」のこと。新将軍が誕生しても、火事に始まる治世がめでたいわけがない…。

いかにも江戸時代らしい狂歌を『江戸の災害史』（倉地克直著、中公新書）で知りました。

戦乱がなく「大平の世」と言われた江戸時代ですが、一方で災害の多い時代でした。飢饉《ききん》、火災、疫病、地震、津波。そんな中を幕府や藩、地域社会がどう向き合い、人々がどう生き抜いたかが同書のテーマです。

一七〇七（宝永四）年、南海トラフを震源とする宝永大地震（M八・六）が起きます。関東から九州までが被害を受ける巨大地震で、土佐藩では流家一万余、死者約二千人、城下町の過半が潮入りとなっています。肥後も全壊四七〇戸が報告されています。

町人を城内に入れたり、避難民に粥《かゆ》が施されたりしますが、各地で復興は困難を極め、二年たっても被災者の八割が「小屋掛けのまま」の所もあります。

八丈島の南にある青ケ島では一七八五（天明五）年の噴火で二〇〇人が八丈島へ避難しましたが、名主によって復旧計画が進められ、実に噴火から四〇年後にようやく帰還が実現しています。古里への強い思いは今も昔も変わりません。

一七八三（天明三）年の浅間山の大噴火で、壊滅的被害を受けた村がありました。「生き残りし九三人は誠に骨肉の一族とおもふべし」とし、近隣の三人がそれぞれ引き取り、小屋を作り、食料を援助。夫を失った女性には妻を流された男を、子を失った老人には親のない子を養わせます。家族や「家」を基礎にした暮らしという当時の考えに基づく再興で、この三人は幕府から「奇特」（感心な行い）として、名字帯刀を許され、白金《しろがね》を下されています。

幕府や藩が担いきれない「公共的機能」を地域のリーダーが担っている様子が分かります。

熊本地震から五カ月近く、新しい段階に移ったということもできるのでしょう。しかし復旧、復興が横一線に進むわけではありません。

例えば、御船町は現時点での震災の死者は一人。益城町や南阿蘇村のような被害を受けたわけではありませんが、地震の後に豪雨被害に見舞われました。農業被害は約三千件、約四三億円。このうち豪雨被害が約三分の二を占めます。人口約一万八〇〇〇人の町にとっては小さな被害ではありません。

御船町には防災行政無線がありませんでした。急きょ、消防車でのアナウンス、瓦版の発行、伝言板の設置などを行いましたが、情報の周知徹底はできませんでした。避難所に想定した公民館や体育館が使えないときどうするかというマニュアルもありませんでした。「サバイバル状態だった」と藤木正幸町長（五一）は振り返ります。

予算が確保されてもそれは復旧まで。藤木町長は復興の鍵に「地域コミュニティーの復活」を挙げます。

それぞれの地域にそれぞれの被害と課題があります。「それぞれ」という視点を忘れないようにしたいものです。

「くまもと新町古町復興プロジェクト」は避難所の炊き出しから始まったグループです。メンバーの冨士川一裕さん（六五）は「熊本城が残っても城下町が消えては意味がありません」と言います。力を入れているのは、熊本市の新町、古町の町家をどう残すか、ということです。熊本城がこれほど市民、県民に身近なものだったということは、熊本地震が教えてくれたことでもあります。冨士川さんは、城下町熊本のグランドデザインをみんなで描くいいチャンスではないか、と言います。身近な文化財も随分傷んでいます。

被写界深度という言葉があります。写真を撮る際の焦点の深さのことですが、熊本地震からの立ち直りでも、焦点の深さを持ちたいものです。単線ではなく複線で　できれば複々線で。「公」だけでなく、地域や個人もそれぞれに参加できる柔らかな取り組みを。

熊本の代名詞は「官都」。明治以来、官庁の出先の都市として「まちのかたち」ができてきました。「民都・熊本」。熊本地震は新しい町づくりを促しているようにも思います。

（平成二八年〈二〇一六〉年九月五日付　熊本日日新聞「想」）

「地震のない県」で起きた地震

先輩からの電話が耳に残っている。

「大丈夫、まだ自由がある」。先輩はそう繰り返した。九二歳。旧満州（中国東北部）で敗戦を迎え、シベリアに抑留された。戦後、熊本日日新聞社に入り、記者生活を送った。今もかくしゃくとしている。先輩からの電話は、熊本地震の直後にかかってきた。

二度にわたり震度七に見舞われた益城町などの惨状が、戦争と戦後の荒廃した風景に重なり、「自由」という言葉が浮かんできた、「自由」さえあれば、人は前を向いてやっていける、戦後の自分たちがそうであったように。話を聞いてみると、どうやらそんなことだったようだ。先輩だけではない。地震の後、何人もの戦争体験者が、足元の無残な光景を戦中と戦後間もない風景に例えるのを聞いたり、読んだりした。強い記憶を呼び戻す、それほどの風景だった、ということだろう。

輪転機が止まった

二〇一六年四月一四日午後九時二六分。熊本市内の飲食店にいた。「水俣病を知っていますか」（岩波ブックレット）の刊行にあたり、手伝ってくれた後輩へのささやかな御礼の会だった。会も終盤となり、最後の注文を頼んだ直後、「ドーン」という爆発音が響き、目の前の皿やグラスが真横に飛んだ。ガラスの破片が散乱する店を出ると、通りという通りが人で埋まっていた。初めて見る光景だった。熊本市東隣りの震源地近くの益城町で震度七。マグニチュード（M）六・五。熊本市は震度六弱。死者九人、一〇〇〇人を超える負傷者。しかし、それでは終わらなかった。

一六日午前一時二五分、就寝中の身がいきなり突き上げられた。「突き上げられるような」と言うが、「ような」ではなく、文字通り突き上げられ、宙に浮いた。前震の経験から寝る場所を変えたのだが、激しい揺れに四つんばいになった。見ると、テレビが頭のほんの一〇センチほどのところに倒れていた。会社に連絡すると、朝刊を印刷していた輪転機がストップしたという。家を飛び出し、会社に向かった。益城町でまた震度七。そしてM七・三。阪神大震災クラスだ。熊本市は震度六強。気象庁はこの地震を本震、一四日の地震を前震、と発表した。「こちらが本震だなんて」。そんな思いを抱いたまま、長い地震との闘いが始まった。私も断水と停電で避難せざるを得なくなった。

二〇一六年七月二六日現在、死者四九人（益城町二〇人、南阿蘇村一五人、西原村五人、熊本市四人、嘉島町三人、御船町一人、八代市一人）、行方不明一人、震災関連死二七人。大雨による二次災害死五人、車中泊などを除き確認された避難者だけでも最大四月一八日の一八万三八八二人、熊本県民の一割が避難したことになる。家屋被害一五万六六五三棟。

奥さんを助けようと覆いかぶさった男性、東京から阿蘇にある東海大学農学部に入った学生、ディック・ミネの「夜霧のブルース」がおはこだったカラオケ講師。皆、「その瞬間」の直前まで、ごく普通の日常があった。

被災地は当初、混乱を極めた。市町村の職員も被災者だった上に、庁舎が使用できなくなった自治体が五つもあった。何より震度七が二回も連続して起きるなどということが想定外だった。

警告、生かされず

しかし警告ということからすれば、地震は寝耳に水ではなかった。政府の地震調査研究推進本部の活断層の「長期評価」では、前震の日奈久《ひなぐ》断層帯、本震の布田川《ふだがわ》断層帯がその対象となっていたのだ。二〇一四年の熊本市防災会議でも、二つの断層が関係する地震による死者は最大一一七人、全半壊一万二千棟という試算が出されていた。しかし、私たちはどこかよそ事のように暮らしてきたのだった。熊本県の企業誘致の文句は「地震のない県」。皮肉なことだが、この地震のおかげで足元の歴史に向き合うことになった。

例えば一八八九（明治二二）年、M六・三の地震が熊本市西部を震源地として起き、死者二〇人を出した。

当時の地震は測候員の体感で微、弱、強、烈の四段階。烈と記録されるこの地震の揺れをドイツ・ポツダムの重力計が観測、世界の遠地地震観測の端緒となっている。時代をさかのぼれば、一六二五（寛永二）年に大地震に見舞われたことが細川家文書の中に記されている。熊本城の火薬庫が爆発、あたり一面の家が吹き飛んだという。

熊本地震の被害について、内閣府はその被害額を最大三兆八千億円と試算した。

被災直後はまず命。それから健康と生活の基盤。時間の経過とともに被災者が求めるものも変わっていく。混乱も多かったが、〝光〟を感じる話もあった。熊本市の熊本学園大学は、グラウンドが避難所に指定されていただけだったが、障害者六〇人を含む最大時七〇〇人が避難。このため、急きょ障害者のために大ホールを開放し、福祉関係の教職員やボランティアが二四時間で見守る体制を自主的につくった。阿蘇郡西原村では、村長や副村長が村長室などから出て、職員と同じフロアに陣取った。小さな行為が皆の気持ちを「前へ」と向かせるものだ。西原村の人口約七〇〇〇人。村内のごみ処理や解体だけでも村の予算に匹敵する三〇～四〇億円の費用が見込まれる。財源をどうするか。こんなところにも地方に対する国の本気度が問われているのだ。

〝落城〟した熊本城

熊本地震を象徴するのが熊本城の被害だろう。二〇一五年度に年間約一七七万人が訪れた熊本城だが、天守閣の瓦は飛び散り、夏草が生え始めている。まさに落城の風景だ。熊本大学名誉教授の北野隆氏によれば、熊本城を「天下の三名城」と言ったのは、江戸期の学者・荻生徂徠。徂徠は「名古屋城、豊臣秀吉の大阪城、そして熊本城が三名城で、いずれも加藤清正が造った城だ」と記しているという。

清正が築城して四〇〇年余り。「武者返し」と呼ばれる独特の反りがある石垣が今、無残な姿をさらす。恥ずかしいことだが、失って初めてその価値が分かることがある。文化財の復興は心の復興でもある。熊本市は、天守閣と石垣などの復旧に計約五六〇億円を見込む。復旧作業をそのまま観光客に見てもらえないか、壊れた瓦を寄付した人に贈れないか、スペインのアントニ・ガウディのサグラダ・ファミリアのように一〇〇年単位の時間をかけた復元、建設はできないか、こんなアイデアが出るのも熊本城と県民の間の距離感の近さからだろう。

熊本地震は余震の多さも記録的だ。二〇一六年七月二六日午後五時現在、地震回数は一九二四回。こんな例はない。余震を毎日感じながら、想起したのが五年前の三・一一、東日本大震災だった。

大学時代に知り合った人がいた。宮城県女川町出身のその女性は、これまた私の知人と結婚し、一緒に自分の古里・女川に帰ったのだが、その後、夫が病気で死亡、残された子どもたちを育てていた。そんな彼女が女川町で三・一一に出合ったのである。

少しは心の余裕ができたのだろう、二カ月ほどして、彼女が新聞をまとまって読みたいと要望しているということを知り、夕刊、朝刊を二カ月分、彼女が住む避難所に送った。

しばらくして、御礼の手紙が来た。そして、その手紙に言葉をなくした。

地震と津波の後、はぐれていた子どもたちとようやく再会。夜、一家で避難所にいると、子どもが「どこからか声がする」という。外を見ると真っ暗の闇。それでも確かに耳を澄ませば、声が聞こえる。やがてそれは人の声だと分かった。避難所から照らす懐中電灯の明かりを見て、救助のサーチライトと思って助けを求めていたらしい。

手紙によれば、地震と津波は第一波の後も何回も襲ってきた。その中で逃げ切れなかった人たちがいたのだ。夜が更け、声は段々小さくなっていく。「自分にできることは、『頑張れ、頑張れ』と声を出すことぐらいでした」。手紙にはそう書かれてあった。そして翌朝、その声はもう聞かれなかったという。

今までもらった手紙で、一番悲しい手紙だった。

それにしてもうかつだった。地震と津波は一回ではなかったのだ。熊本地震で余震を体験して初めて、過酷な体験をした人たちの傷の深さを知った。

双子なら同じ死に顔桃の花

春の星こんなに人が死んだのか

岩手県釜石市で高校の先生をしていて東日本大震災に遭った俳人・照井翠さんはこんな句を詠んだのだが、先日、黒田杏子さんが主宰する俳誌「藍生」をめくっていたら、その照井さんの「熊本地震に思う」というエッセーに出合った。照井さんは自分の地震の体験を踏まえて書いている。「あの時本当に欲しかったものは、平凡な日常だった。揺れない地盤の上での、平穏な暮らし。当たり前の生活を当たり前に送りたかった。しかし、平凡も平穏も、手の届かないところにあった」

当たり前の生活に手が届かない…。実感である。熊本でもそうなのだ。

「正当にこわがる」難しさ

社会的側面から少し俯瞰《ふかん》して熊本地震を見れば、ＳＮＳの発達と、コンビニが社会的なインフラとなっていることが浮き彫りになったことだろう。大西一史《かずふみ》熊本市長が、ＳＮＳで人手が足りないことを訴えると、瞬時に予想を上回るボランティアが集まった。コンビニも既に地域の暮らしに欠かせない存在となっていた。

加えて、車中泊の多さ。余震の多さが原因の第一だが、地方は車社会である。東京などでは起きにくい現象ではないか。

地震から三カ月以上が経過したが、地震直後、熊本の人たちは随分と優しくなったように思ったものだ。道で「元気だったね」と言ってハグするする若い人の姿を普通に見るようになった。心が開かれた、と言ったらいいのか。また友人、知人もあいさつは「大丈夫でしたか」から始まった。加えて県外の人からも多くのお見舞いや連絡をもらった。

ある日、「先輩、住所変わったんですか」と怒ったような電話がきた。大学時代の後輩だった。連絡が途絶えてもう二〇年近くになる。熊本で地震と聞いて、東京から水を送ったけれど、宛先不明で返ってきたのだという。住所変更を知らなかったのだが、電話と水は素直にうれしかった。電話でその後輩が今、末期がんであることを初めて知った。人はこうしてつながっているのだとあらためて教えられた。

夏目漱石が熊本の第五高等学校で教壇に立った時の教え子に物理学者の寺田寅彦がいる。寺田寅彦は言っている。「ものをこわがらな過ぎたり、こわがり過ぎたりするのはやさしいが、正当にこわがることはなかなかむつかしい」。この「正当にこわがる」ことの難しさを熊本地震は突きつけている。天災を人災にしないための検証がこれからのポイントの一つである。

七月九日、第一一三回熊日緑のリボン賞の贈呈式に、益城町の長尾美智子さんの姿があった。緑のリボン賞は、隠れた善行を長年続けた人に贈る。長尾さんは約三〇年にわたって手作りの草履を地域の子どもなどに贈っていたのだが、地震で家は全壊、作業所も壊れた。車中泊の後、避難所暮らしとなったが、残された器具でようやく手作り草履を作り始める気持ちになったという。地震から今日までの心の変化をぽつぽつ語る謝辞に皆が静かに聞き入った。被災地にも少しずつだが日常が戻り始めている。

「負けんバイ」。

熊本の多くの人が心の中で一日一度は言っている言葉だ。


（二〇一六年「婦人之友」九月号に加筆した）

存問と息災

岩岡中正

緑蔭に命拾ひの立話　土屋芳己

まさかの二度にわたる震度七の激震。いつ止《や》むとも知れぬ連日の余震は、私たちの意識を漂流させ困憊《こんぱい》させた。避難所生活に車中泊と、まるで「三界《さんがい》に家なし」。戦時の防空壕もかくやという恐怖。まず、亡くなられた方のご冥福をお祈りしたい。

地震から学んだことの第一は、優しいばかりではない自然の猛威と人間の無力、および日常の無事の有り難さである。第二に、地震は私たちの物質文明や価値観を根底から揺さぶった。ちょうど地震の十日前、「世界で一番貧しい大統領」のホセ・ムヒカさんが来日。「本当の豊かさとは何か」を問いかけた矢先の地震である。飛散した食器や瓦礫の山を前にして、私たちはあらためて一番大事なものについて考えさせられたし、生きる覚悟のようなものを迫られた。

第三に、今回の地震で私たちは、地域の誰彼に声をかけ安否を気遣い始めたが、こんなことは初めてだ。私たちは危機に遭遇して、日頃の個人間の利害や無関心を超えて、自分たちが大きないのちを共にして生きていることに目覚めた。私は近所の人と安否を確かめ合いながら、これが虚子の言う「存問《そんもん》」だと思った。

虚子は「お寒うございます。お暑うございます」という「日常の存問」、つまり挨拶《あいさつ》が俳句だと言った。穏やかな日々も危機の時も、私たちは自然、他人、自分自身ほか一切に声をかけ挨拶し、互いのいのちを触れ合わせつつ、これを俳句にしてきた。

私が昨年出した句集の名は『相聞』。これは「存問」に近く、互いにいのちを確かめ合いつつひかれあう万物の相を描きたかったのだが、私のイメージの中核にあったのは、近くの美里町の可憐《かれん》な石橋。余震の中、私は一番にここへ駆けつけたが、桜の古木に守られて両岸をつなぐこの石橋は、私の存問に応えて無事の声をあげた。

緑蔭に息災のかほそろひけり　坂田美代子

他方これは、地震を経験した人たちの安堵の句である。地震もややおさまって久しぶりに会って、ともかくも互いの無事を確かめ讃えあったという、感慨深い句である。四月の地震から長い長い余震に耐えて来た私たちの実感をよく代弁してくれる句である。緑蔭の静けさの中に育まれるいのちが見え、いのちといのちが触れ合う歓びと感謝にあふれる句である。

この句の第一のポイントは、いのちを包み育む豊かな「緑蔭」という場にある。緑蔭の木漏れ日、枝を渡る風の音、笑いさざめく人ごえ、これはひとつの生命讃歌である。

この句の第二のポイントは何より、「息災」の二文字。これが、的確で貴重。戦争のような衝撃を体験した人だけが、本当にこの無事と平和の有難さを実感できるだろう。「息災」とは「災いが息《や》む」ということだが、私たちの究極の平和は、この「息災」の中にこそある。

第三のポイントは、「そろひけり」の一語である。ここにあるのは、いのちの共同の思い。こうして顔がいのちが一人も欠けることなくここに揃うことが、何よりの幸福だというのだ。勿論、人はいつかは欠けるということを前提にしているからこそ、この「そろひけり」という一期一会の思いの一語は、切ない。

この「そろひけり」で私は、坪内稔典氏が紹介した、病床の子規のエピソードを思い出した。つまり、ある晩子規の枕もとに仲間が集って話が弾んだ。しかしそのうちその中の幼なじみの一人が座を立とうとした。すると子規は突然声をあげて泣きながら、こう言ったそうだ。

「もう少し居ておくれよ。お前が帰るとそこが空っぽになるじゃないか」

この空白の悲しさ。私はこのエピソードに痛く感動した。これは、子規が淋しがり屋だとか、俳句が「座の文学」だというだけのことではない。そうではなくて、あるべきものや居るべき人がそこに居て、つまり「そろ」っていてこそ、私たちのいのちは幸福であり平和であり安らぐというのである。

こうしておよそ文学は、あるべきいのちが共に揃って生きる歓びを讃えあう、つまり息災と平和の文学でなくてはならないだろう。ほんの僅かながら、まるで戦争のような地震の恐怖を体験して、いま思うことである。

（俳誌「阿蘇」平成二十八年八月号を一部変更）

【益城町から】

暮らしが消えた故郷

浪床敬子

「この町はどうなってしまうのだろう」

生まれ故郷の益城町はいま、たくさんの民家から人々の暮らしと明かりが消え、夜になると暗闇と静寂が広がる。二度の震度七の激震で破壊された故郷に戻るたび、例えようのない不安が押し寄せ、胸が締め付けられる。

小中学校時代の通学路、子どもの頃によく遊んだ神社や閻魔堂、春の初市が開かれていた横町通り、五〇円玉を握りしめて行った駄菓子屋、小学校の頃に通った書道教室、親友や知人の家、そして祖母の家。生まれて二〇数年暮らした町の至る所にたくさんの思い出が刻みこまれていたことを今更ながら強く感じる。すべてがめちゃくちゃに破壊され、今は自分の記憶の中にしかない。長年慣れ親しんだ風景や街並みを失った時、人はこんなに切なく、やるせない思いになるのだということを初めて知った。

「益城町で震度七」

その一報が入った時、全身から血の気が引いていくのが分かった。益城町には実家があり、両親が暮らしている。父は数年前に脳梗塞を患い身体が不自由で、母が在宅介護をしていた。慌てて実家の電話を鳴らしたが、つながらない。熊本市内にある自宅マンションも大きく揺さぶられ、食器や本、衣類などが散乱した部屋で夫が立ちすくんでいる。弟家族とも連絡が取れない。経験したことのない事態に何を優先すればいいのか分からないまま、私は仕事に向かう準備を始めていた。

「ゴゴゴゴッ、ズズズズッ、ドーン！」

四月一四日午後九時二六分。すでに就寝していた両親は、ものすごい地鳴りと突き上げられるような激震で目を覚ましたという。家全体が崩れそうになるほど激しくきしみ、「ギシッ、ギシッ」「ガッシャン、ガッシャン」と恐怖に満ちた音が長い時間響き渡った。母は身体が不自由な父を守ろうと、とっさに布団を被せて激しい揺れに耐えた。しばらくして揺れはいったん収まったが、停電で何も見えない。小さな細い身体で二倍近い体重の父を抱きかかえるようにして何とか玄関までたどり着き、庭の駐車場に停めている軽自動車の中で震えながら一晩を明かしていた。

実家から徒歩一〇分ほどの祖母の家はこの時、激しい揺れに耐えきれず大きく傾き、倒壊寸前にあった。叔父は倒れてきた食器棚から叔母を守ろうとして、手に切断寸前の大けがを負い、叔母も頭を負傷。血だらけになりながら辛うじて脱出した。逃げ出す際にいとこがとっさに持ち出したのが祖父母の遺影だったと後に聞き、涙が止まらなった。叔父と叔母はそのまま病院へ搬送。しかし、そのことで、三人は本震で倒壊した家屋の犠牲にならずに済んだ。

この時、私は両親や叔父らと連絡が取れない不安に押しつぶされそうになりながら、益城町の取材現場に急いでいた。しかし、道路のあちこちに亀裂や陥没があり、思うように前に進めない。緊急車両や報道車両も押し寄せ、ひどい渋滞も起きていた。上空から聞こえる何機ものヘリコプターの音が、余計に不安と緊張をかき立てた。

地元の小学校に着くと、着の身着のまま避難してきた大勢の住民たちが、屋外に敷かれたたくさんのブルーシートやござの上で身を寄せ合うように座り込んでいた。ラジオから流れてくるニュース速報にじっと耳を傾けている高齢夫婦、赤ちゃんを抱き締めて途方に暮れている若い母親、ある高齢の女性は愛犬を脇に抱えながら顔を手で覆って泣いていた。

激しい余震が続いており、どの避難所も倒壊の恐れがあるとして、建物内への立ち入りが出来なかった。四月中旬にもかかわらず、この日の夜は冷え込み、誰もが寒さと恐怖に震え、毛布や衣類にくるまって夜が明けるのを待った。私自身も、シャツにカーディガン一枚を羽織っただけで自宅を飛び出してきたことをひどく後悔したことを覚えている。

この日の夜に取材現場で見た光景は、半年が過ぎた今も脳裏に深く刻み込まれている。

被害が大きいという情報が入った秋津川沿いの住宅街は、映像で見た「爆撃を受けた町」を思い起こさせた。無数の民家や塀が倒壊し、火災も起きていた。道路には割れたガラスや瓦が散乱し、歩くのもやっとの状態。一帯は停電しており、私は真っ暗闇の住宅街で現場を探してさまよい歩いた。時折、何かが顔に当たってくる。折れた電柱から無数に垂れ下がる切れた電線だった。停電が幸いした。

時折、立っていられないほどの激しい余震が襲い、近くの家や塀が「ガシャン、ガシャン」と音を立てて崩れてきた。そのたびに声にならない声を上げて、その場にしゃがみ込んだ。

崩れた家の横で、震える迷い犬を抱きかかえた高齢の女性がぼう然と座っていた。「大丈夫ですか」と声を掛けても、うなずくだけで返事はない。近くにいた消防団員に女性の存在を知らせ、先を急ぐと、今度は暗い脇道から六〇代ぐらいの男性がすがるように声を掛けてきた。

「すみません。水を持っていませんか。向こうに生まれて間もない赤ちゃんがいるんですが、崩れた家に道がふさがれていて、車も出せないんです」

再び消防団員を探しに走り、救助を求めた。いま優先すべきは被災者の救助か、取材か。何も考えられないほど混乱した頭では判断できるはずもなく、取材を続けるしかなかった。

「誰もいませんか！」

途中、複数の救助隊員が大きな声で呼び掛けながら倒壊した家屋を一軒ずつ回っていた。そのうちの一人がカメラを提げた私に気づき、「記者の方ですか。もし崩れた家の中から助けを呼ぶ声が聞こえたらすぐに知らせてください」と声を掛けてきた。その言葉が、あらためて大変な事態が起きていることを痛感させ、身体が震えた。

「お母さーん。どこにおると！　お母さぁん！」

その叫び声は突然聞こえてきた。声のする方に走っていくと、大きく崩れた一軒の家を投光器が照らし出し、木材を切断する機械音が鳴り響いていた。女性が一人生き埋めになっているという。すでに午前二時を回っていた。近くでは近隣住民や家族と思われる人たちが寒さに震えながら、救助作業を見守っている。まもなく現場に規制線が引かれ、その外側で大勢の報道陣に紛れて救助の瞬間を待った。

しかし、がれきの中から発見された時、女性はすでに冷たくなっていた。サイレン音を消した救急車が静かに家に近づき、庭にタンカが持ち込まれた。女性が搬出される瞬間、娘二人の泣き叫ぶ声が響き渡った。

「お母さん！　私たちを置いていかんで！　お母さんまでいなくなったら、私たちはどうすればいいと！　生き返ってよぉ」

その姉妹とは後の取材で偶然出会うことになるが、彼女たちと対面している間じゅう、前震の夜に聞いた彼女たちの叫び声が耳の奥で響いていた。

しかし、故郷の惨劇はこれで終わりではなかった。四月一六日午前一時二五分。前日、一睡もせず心身ともに疲弊していたはずだったが、ベッドに入ってもまったく眠れず、何度も寝返りを打っていた時だった。けたたましい緊急地震速報のメール音が鳴り響き、ようやく訪れようとしていた安堵感を打ち砕いた。

前夜をはるかにしのぐ長い大きな揺れ。あらゆる物が散乱する中、何とかリビングまではってたどり着き、テレビのスイッチを入れると、阪神大震災クラスの大きな地震が再び起きたと告げていた。その後も震度六強、震度六弱、震度五強と、立て続けに激しい揺れが押し寄せ、布団を被ってその恐怖に耐えた。またもやパニック状態に陥った頭の中にまず浮かんだのは、真っ暗な家の中で逃げ場を失っているであろう両親のことだった。

実は前震の取材を終えて両親に会いに行った時、不安げな表情をした母親からこう尋ねられていた。

「今夜は家の中で眠っても大丈夫だよね」

まったく不安がないわけではなかったが、地震は一度大きな揺れが来たら徐々に終息するものだという思い込みがあった。身体が不自由な父親は一般の避難所に行くことは難しく、年老いた両親を狭い車の中で2晩続けて過ごさせることは、逆に体調を崩しかねないという思いもあった。

「たぶん、昨日みたいな大きな揺れはもう来ないと思うけど」

そう言ってしまった自分を激しく責めながら、東日本大震災や阪神・淡路大震災の被災地で見た惨状を思い出していた。明け方、両親と連絡がつながった時、両親が隣の家の人に背負われて救出されていることを知った。翌日の朝刊で、たまに実家を訪れていた知人男性と親友の伯父が倒壊家屋の犠牲になっていることを知り、前震で傾いていた祖母の家が全壊してしまったことも告げられた。両親や親戚、知人がこれほど命の危険にさらされているにも関わらず、その場に駆けつけることさえできない自分が歯がゆく、罪悪感で押しつぶされそうだった。

二度の震度七の激震に見舞われた直後、益城町に入ると、民家の多くががれきと化していた。町内に約一万一〇〇〇棟あった住宅のうち、被害が無かったのはわずか約一六〇棟。九八%が被害を受けたことになる。しかも、全壊が二七六〇棟、大規模半壊・半壊が約二九九〇棟と、深刻な被害を受けた住宅が過半数を占め、多くの住民が住まいを失った。町は再建の前提となる倒壊家屋の公費解体作業を九月から進めているが、それだけでも二年以上かかるとみられている。

しかも、県の被災宅地危険度判定によると、益城町内の宅地一万四〇八カ所のうち、地盤の液状化や崩壊、亀裂などで「危険宅地」と判定されたのが一二〇〇カ所を超えた。町域のほとんどで一〜一・五㍍の地盤沈下が起きており、これらの宅地では解体作業が終わっても、新たに家を建て直すには地盤強化など費用のかかる工事も必要となる。特に活断層に近い地域では、住み続けるかどうかの判断も迫られ、数カ所では「集団移転」の話も出ている。公的な支援がなければ、自宅再建や住まいの確保さえできない人が相当数に上るとみられる。

前震が起きた四月一四日直後から、益城町には最大一八カ所の避難所が開設され、ピーク時には町民の半数にあたる一万六〇五〇人が避難した。施設内に入りきれず、屋外に段ボールやビニールシートなどを敷き、毛布や寝袋にくるまって過ごしている人たちも少なくなった。避難所内はペット同伴では入れないため、愛犬と何日間も避難所の軒下で過ごしている高齢の女性の姿も見かけた。

益城町は長く停電と断水が続き、ほとんどのスーパーや食料品店、飲食店が被災して閉店を余儀なくされた。避難所では連日、食事の配給時間帯に長蛇の列ができ、最も食料が不足していた時は、一人一個のおにぎりを手に入れるため、子どもから高齢者まで一時間以上並ぶこともあった。身体が不自由な父を抱え、配給場所まで行くことができない母親に代わり、食料や飲料水、支援物資をもらうために何度か避難所で並んだが、健康体の私でさえ骨が折れた。

一〇月末現在、町内の一八カ所に一五六二戸分の仮設住宅が整備され、住まいを失った住民らが新たな生活を送っている。

自宅が全壊した叔父たちは約一カ月間、福岡市内の長男夫婦のもとでけがの治療をした後、仮設住宅ができるまでの約二カ月間、私の実家の敷地に運び込んだ四畳ほどのトレーラーハウスで生活。時間を持て余すのか、毎日、倒壊した家屋に通い、衣類やアルバム、生活用品などを探し出しては少しずつ持ち帰ってきた。それは仮設団地に入居してからも変わらず、三〇度を超える真夏の日も痛む腰をかばい、汗びっしょりになりながら、倒壊した自宅の片づけに通う姿は痛々しかった。それでも笑顔を浮かべ元気そうに見えていたが、ある日、実家で親戚数人が集まってささやかな会食をしている途中、それまで笑顔だった叔母の目から突然涙があふれた。久しぶりの和やかな時間に、それまでずっと胸の奥にため込んでいたものがあふれてきたのだろう。

叔父たち三人が暮らしている仮設住宅は、四畳半の二間とキッチンがある二ＤＫ。入居した直後は「これで少しは落ち着ける」と喜んでいたが、八月中旬に祖母の三回目の命日に訪ねると、四畳半の小さな部屋で叔父が一人ぼんやりとテレビを見ていた。それまで広々とした庭と日本家屋に住んできたギャップからか、叔父の姿が小さく窮屈そうに見え、なかなか掛ける言葉が見つからなかった。祖母の遺影はプラスチックの小さな棚の上に無造作に置かれていた。線香を上げ手を合わせながら、いろんな思いが込み上げ、涙をこらえるのに必死だった。

地震発生から半年が過ぎた一〇月中旬、祖母の家の解体がようやく始まった。子どもの頃、両親が共働き

大きな被害を受けた益城町の街並み。左下は町総合体育館、中央右の建物は文化会館。奥が熊本市東部（2016年10月13日、熊本日日新聞社提供）

で実家と同じぐらいの時間を過ごし、毎年親戚が集まる唯一の場所でもあったため、思い出深い家がつぶれたまま草で覆われていく姿を見続けるのもつらかったが、重機で次々と壊されていく様は、自分の何かが壊されていくようで、一〇分間もその場にいることができなかった。「もう一度ここに小さな家を建てる」と少し前を向こうとしていた叔父だったが、解体されていくわが家を目の当たりにして再び気力を失ってしまったように見えた。

自宅の解体は、再建への第一歩ではあるが、そこには家主の複雑な思いがうずまいている。ある知人の家の解体現場を取材した時も、家族が解体直前の家の中から限られた時間の中で、一つでも多くの品を取り出そうと黙々と作業をしていた。これまで家族を守ってくれた家への感謝を込めて神事を行い、涙を拭いながら最後の別れを惜しむ姿には、カメラのシャッターを切るのが躊躇われた。公費解体を申し込んだものの、いざ順番が回ってくると、もう少し後回しにしてほしいと言ってくる人もいるという。

益城町ではたくさんの民家だけでなく、役場庁舎や総合運動公園、文化会館、町民グラウンドなど、町のほとんどの公共施設に加え、町民の交流拠点となる公民館の多くも被害を受けており、町内にある七つの小中学校もすべて被災した。町道の一八〇カ所以上で陥没や亀裂が起きており、橋も約二〇カ所で崩落や損壊が生じているという。町の概算によると、これらの復旧・復興事業費用だけでも、町の年間予算の約十倍を超えて一二〇〇億円以上が掛かるとされている。

町の復興が決して容易ではない状況にある中で、町が全町民を対象に実施したアンケートでは、九割近くが「益城町で暮らしたい」と答えた。取材の中で自宅や肉親を失った人のほとんども、心に恐怖や悲しみが深く刻みこまれているにもかかわらず、「できれば益城に住み続けたい」と話していた。

地震直後、倒壊した家屋が延々と続く故郷を車で走っている時、全壊した自宅近くの田んぼで男性が一人黙々と田植えをしている姿がふと目に留まった。私は車を停め、しばらくその作業に見入った。多くのものを失ってもなお、生きるために日常を取り戻そうとする人間の強さに触れた気がして、一人、絶望的な気持ちになっていた自分が恥ずかしくなった。古来、人の営みはこうして脈々と続いてきたんだと思う瞬間でもあった。

今、生まれ育った町では日に日に更地が増え、私の記憶に刻まれた風景はこれからさらに大きく変わっていくだろう。果てしなく長く厳しい復興への道のりを歩み始めた故郷の一日一日を目に焼きつけていきたいと思っている。

（二〇一六年一〇月末執筆）

【益城町から】

当事者・研究者としての視点で

和田　要

益城町で何が起きたか

二〇一六年四月一四日午後九時二六分　二階の書斎でパソコンを見ていた時に書架が倒れて、瓦がガラガラと落ち、棚からは食器が落ちる、大きな揺れに家族が動転して庭先に出た。やがて二階に上がると南東から火事が見えた。

ついに、「三〇年以内に発生する確率は〇・九％」だった布田川日奈久断層が動いた。[i]

翌一五日には、周辺の家屋の被害も大きいことがわかり、報道により情報を聞いた知人・親戚が馳せ参じて、水や電気は大丈夫かと心配しつつ、自宅でのライフラインを確保し、散乱する室内や落ちた瓦や散乱したガラスの整理に助力をもらった。すでに地域の高齢者世帯や一人暮らしの人は避難所である益城町保健福祉センターに集まっていた。

一六日には、自宅で寝ていたが、一時二五分さらに大きな地震となった。納屋が倒壊して、整理した食器や備品さらには自動車二台が押しつぶされており、手の付けられない状態となった。県道熊本高森線の以南の馬水南地区を歩くと、道路は波打ち、家屋倒壊が数多く見え、日常的な風景がまったく変わってしまい、阪神・淡路大地震が浮かんできた。[ii]

この二度の震度七の後、被災や復旧・復興に向けた問題点を、当事者として研究者として考えたことを書く。

一四日前震後には、情報収集のために、空にはいくつものヘリコプターが飛び、騒音としか感じないストレスとなった。

全壊した自宅

一五日の段階では、「余震の可能性があるので自宅には帰らないで下さい」との広報は一切なかった。益城町での震災による死者は七名で、倒壊家屋の圧死が発生している。

熊本市消防局益城西原消防署（益城町）から、地域の消防団には何の指示・連絡体制もなかった。一六日の本震発生によって、さらに死者の数は一四名と増え、やむを得ない事態の発生とは言え、「広報がなかったこと」が悔やまれる。

一六日の本震発生後、益城町役場の損傷も激しく、役場機能が保健福祉センター「はぴねす」に設けられた。「はぴねす」に避難してきた住民の多くは、道向かいの「広安小学校」や「広安西小学校」に移動することとなった。役場機能が停止するという、想定していない事態に行政職員も対応に追われる状況となった。

避難所の問題点

四月とはいえ、まだ夜は寒い状況[iii]であった。避難所では、災害時の対応マニュアがなく、災害弱者（子どもや女性・障がい者など）への配慮がなく動いていった。

これまで地域では、地域包括支援センターや民生委員・児童委員などによる、災害時要配慮者のリストアップや把握が行われていたはずだが、この地震の中で生かされ、救助や支援につながるという状況にはなかった。大規模災害では、支援する人も支援を受ける人も共に被災者であり、誰が誰を確認して救助や支援をするか困難な状況に置かれている。こうした場合に、地域住民の日頃の連携が重要となってくる。倒壊家屋からの救助は近隣の住民や消防団の活動によるところが大きい。こうした情報をどのレベルの組織や範囲で情報共有するかという課題が見えてくる。

子どもや障がい児・者、さらには医療的に配慮を要する人びとが避難所に駆け込む事となり、医療的な判断やその後の心理的ケアを提供しなければならない場面では、DMAT（災害時医療支援チーム）の活動が頼りとなる。しかし、DMATは医療的な緊急性を中心に判断し、その後のケアや支援は次のDCAT・DWAT（災害時ケア支援チーム・災害時福祉支援チーム）の活動が重要となる。

避難所では、水・食事の確保に長蛇の列ができ、二時間待ちの状態がしばらく続いた。朝・昼・夜と六時間待ち続けた避難者もいた。また当初、お風呂も入浴では、服を脱いで三〇分待って、シャワーが一〇分そ

避難先で……

こそこの状態であった。

避難所の広場や運動場では、車中泊が目立ち、車での生活を強いられていた多くの人びとや、避難所には行かず自宅敷地での車中泊やテント泊の人も多くいた。最も混乱した時期での避難先および避難者数の正確な把握は未だに明らかにされていない。

ライフラインである、飲料水供給については、大きく三つの動きがあった。自衛隊などの災害支援チームによるもの、地区によっては飲用可能な自噴する水を地域の人びとの給水ポイントとなったもの、その他個人的繋がり（パーソナルネットワーク）によって水を確保したものである。筆者自身は、一四日以降一ヶ月に渡り、知人が山鹿からトラックで水と食事を運んでくれたために、近隣の給水ポイントとして提供できた。

避難所生活の中で、高齢者の一部は身体的にも精神的にも大きな負担となった。筆者の母は、骨折と肺炎のため、自衛隊医療チームの判断で、救急車で菊池市医師会病院に入院することとなった。地元のかかりつけ病院も被災して、機能停止状態となっていた。

ある認知症高齢者が有料老人ホームに入所していたが、施設も危ないために福祉避難所に駆け込んだものの、すでに一般の地域住民も多くきており、室内に入れず軒先で一晩を過ごすこととなった。一般避難所が福祉避難所化し、福祉避難所が一般避難所化しているという現実があった。しかし、地域での日々の生活は取り立てて「障がい者」だから「高齢者」だからと言って分け隔てている訳ではない。共に暮らすという観点からすれば、避難所を管理の都合で分けることの意味を問い直すことを教えている。

子どもの生活も保護者と同じ避難生活となり、余震で怯える子どもや「赤ちゃん返り」や熱発する者もいた。子どもケアの必要性を考えると、子ども一人ひとりの置かれた状態をアセスメント（査定）し、ケアを提供するという仕組みが一週間を過ぎて取り組まれてきた。さらに「障がい」や難治性疾患、小児性の慢性疾患などを抱える乳幼児へのケアも検証される必要がある。さらに、地震によって、認知症高齢者の状態の悪化[iv]が目立った。

益城町全体で避難所運営マニュアルがそれぞれの場所で生かされたかというと、初期の段階では機能しないままに避難者を受け入れることとなった。「内閣府避難所運営ガイドライン」[v]では、「平時」、「発災後」といくつかのステージで運営の目安を述べ、さらには「運営のためのチェックリスト」も公開されているが、活用されていなかった。

ボランティアのあり方

益城町社会福祉協議会は、役場横にあり、本震で役場と同じく被災し、機能停止となってしまった。余震被災の危険性もあり、災害ボランティアセンターの立ち上げには、想像を絶する努力をされたが、ボランティア受け入れ開始は、井関農機のグランドを提供いただくことによって、四月二二日に開始された。益城町社会福祉協議会では、災害ボランティアセンター立ち上げ訓練も、東日本大震災でのボランティア活動経験のある職員によって何度か訓練されていた。災害時におけるコーディネートやマネジメント機能が十分機能しておらず、発災当初は多くの人びとの支援を受けることとなった。

誰もが人として生活している場では、すべての物には「思い出と思い入れ」がある。これらが一瞬にしていわば「瓦礫」に埋もれてしまった。第三者からみればゴミのひとつに過ぎないが、当事者にとっては「記憶」と「記録」の証でもある。散乱した部屋の中に土足のまま入られ、次々と捨てられ災害ゴミとなっていくが、当事者すべてが心を痛めているということも認識してボランティアに参加して欲しいと願う。

今回の熊本県を訪れたボランティアの数は全国からすでに一〇万人を超えているが、時間の経過とともに参加者も減少している。被災した後の時間の経過で、一般的なニーズに応えるものから個別ニーズに対するボランティア、一般ボランティアから専門職（資格者）ボランティア、短期ボランティアから長期ボランティアが求められている。

さらに行政施策による復旧・復興プログラムとボランティアの関係が地域住民にとって何がどのような判断でなされ、住民のニーズに応えたボランティア活動がなされていたかを検証することが今後の重要な課題である。

避難所から立ち直りと立ち上がり

倒壊した家屋から不安のまま避難所や車中泊・テント泊あるいは軒先避難など避難生活からようやく仮設住宅での生活が始まっている。益城町では一七か所一五五六戸で日々の暮らしが始まっている。場所によっては大規模仮設住宅もあり、新たなコミュニティーを創るための工夫が入居者たちの手で作られている。

仮設住宅では、となり同士の関係づくりから始まり、自治組織がつくられ、集会所である「みんなの家」を核として、生活再建のための「地域支え合い支援センター」に生活支援員が常駐し、生活再建に向けての相談や保健福祉機能をもった支援が始まっている。当初、「バリアフリー」対応ではなく、移動に困難をかかえる人や「車イス」に対応してない設備の問題が指摘され、住民の声によって改修もなされている。確実に仮設住宅に笑顔が戻り、季節の花々が軒先に咲くという日常が始まっている。

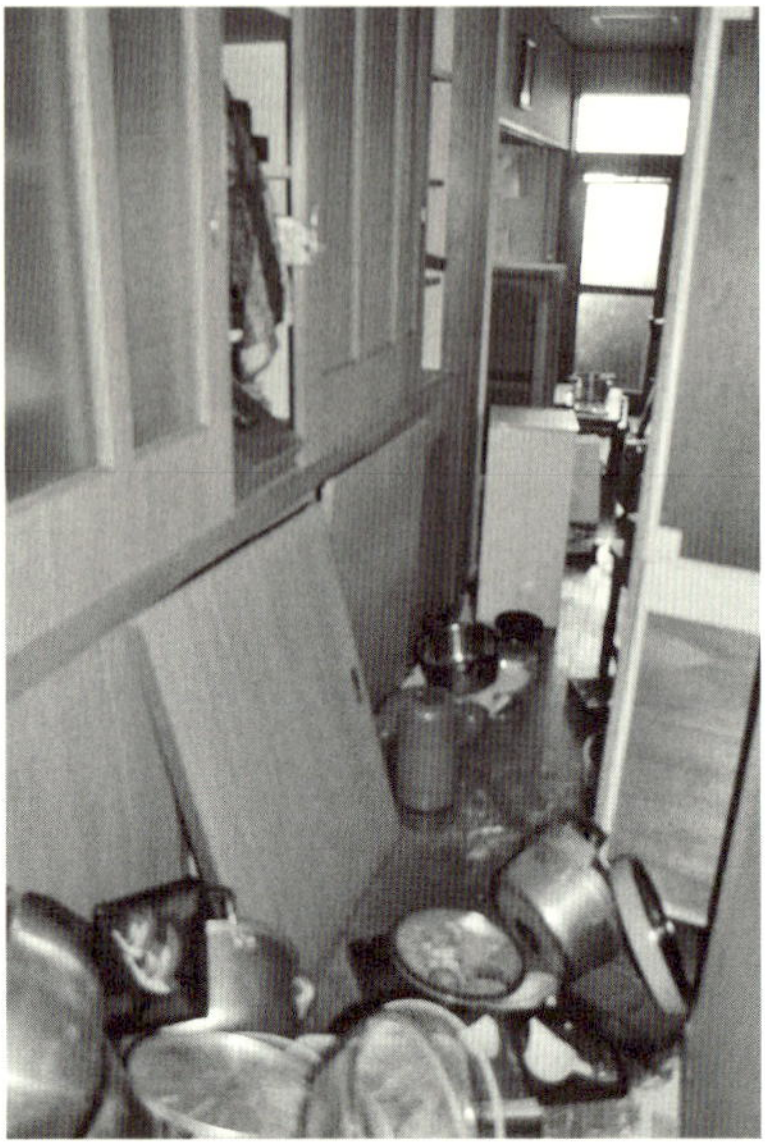

食器などが散乱した室内

これからの課題と今後の展望

益城町は四人に一人が六五歳上という超高齢コミュニティーである。年金生活者にとっては住まいの再建を考えると、液状化した宅地に建築可能か、さらには自宅を改築改修か、新築するかといっても大きな経済的負担が横たわっている。これらは公的な支援なしに再建は不可能に近い。農家の高齢化と被災による復興も大きな課題である。

仮設住宅では、孤立・孤独を防ぐための活動が行われているが、多様な組織が個別に訪問していることは住民にとっては同じ話を何度もすることになり負担感が増している。生活者としてのニーズや課題を聞きにくるが、多様な情報が整理されず統一的に共有化されないまま、訪問先のチャイムの音は迷惑となっている。さらに今後悪徳な高齢者ビジネスが入り込む時でもある。

大地震という未曾有の中で、個人や行政などの組織において「受援力」という課題がある。例えば、救援物資が山ほど届きこれらを受け入れ、必要な人のところに届けるというシステムが構築される必要がある。個々の住民にとって、非常事態の中で必要な物や情報をどのように入手するか、また強度のストレスのなかで家族の個々のニーズを充足するための、「受援力」も日頃から培っておく必要がある。

避難所を中心的に運営してきたのは、区長（町委託）など地域の自治的役割を果たしてきた住民であった。大規模な避難所ではなく、地域にある公民館（被災して使えなかったところもある）ごとにいざという時の、地元に対応した避難所運営マニュアルを住民の手でつくることが求められている。

益城町役場では、一〇年復興計画を策定している。特に小中学生や高校生がプロジェクトに参加して未来をつくるための意見を述べていることは明るく頼もしいものがある。二度の大地震は多くの命やモノを奪ったが、先人の営みに続く私たちの希望に満ちた益城町をつくることが委ねられている。そのためには、住民一人ひとりが災害伝承と減災のための教育に向き合うことが何より重要となる。

（写真も筆者）

i 熊本県地域防災計画（平成二五年度修正）の資料編「第4地震・津波被害想定調査結果概要一六頁」。
ii 筆者は、一九九五年一月一七日発生した阪神・淡路大地震の一週間後、被災地「兵庫県長田区」のYMCAでボランティア活動した。地域のニーズを組み上げその後、専門学校学生をチーム編成して三か月間活動を展開した。
iii 四月一四日の最低気温は一四度、一六日は一〇度。
iv 二〇一六年六月一一日付毎日新聞は、「認知症相談の八割『悪化』　避難所から不明者も」の記事がある。
v 「内閣府避難所運営ガイドライン」　平成二五八年四月　内閣府ホームページより入手可能である。

【南阿蘇村から】

南阿蘇村の今、これから

毛利聖一

熊本市から阿蘇へと向かう際、道路・鉄路の玄関口となるのが、南阿蘇村立野だ。カルデラをぐるりと囲む約一〇〇キロに及ぶ外輪山の中で唯一、山々の切れ目となっている立野は、阿蘇神社に祭られる健磐龍命《たけいわたつのみこと》が蹴破った場所とされ、多くの神話が残る。

そんな阿蘇の地底に、震度七の本震を引き起こした布田川断層帯が存在することを、どれだけの住民や県民が知っていただろうか。「赤橋」の呼び名で親しまれてきた阿蘇大橋や、二三〇〇年余の歴史を持つ阿蘇神社の楼門が崩れるなど、だれが思ったであろうか。火山とともに厳しい自然を生き抜いてきた阿蘇の地においてさえ、地震の破壊力は、想像を超えるものであった。

熊本地震の発生後、南阿蘇村立野に入ると、かつて車の往来がひっきりなしだった国道五七号の風景は一変した。擦れ違う車も人影もなく、生活の気配が消えた、「無機」とでも形容するしかない世界。震災から二カ月過ぎたころだった。

布田川・日奈久の二つの断層帯に沿って県内各地に甚大な被害をもたらした熊本地震だが、熊本大名誉教授の徳野貞雄氏は、その特徴を「マチ型」と「ムラ型」の複合型災害にあるとする。被災状況も復興のあり

阿蘇大橋崩落など大きな被害が出た南阿蘇村の土砂崩れ現場
（2016 年 5 月 4 日、熊本日日新聞社提供）

方も一様ではない。中でも熊本市に隣接し、家屋被害の最も深刻な地域が益城町とすれば、道路や橋梁、鉄道に加え、農地などのインフラで最も重いダメージを受けたのが南阿蘇村ではなかろうか。

南阿蘇村は、人口一万一一四二人。一九人の犠牲者（関連死含む）に加え、住宅被害は、村内世帯の半分強に当たる二五七三棟に及ぶ（いずれも二〇一六年一〇月末現在）。山崩れで大量の土砂に埋まった国道五七号をはじめ、立野地区と村中心部を結んでいた阿蘇大橋の落橋、もう一つの重要アクセスである西原村とをつなぐ俵山トンネルの崩落、ＪＲ豊肥線（肥後大津―阿蘇）の途絶、観光の柱でもあった南阿蘇鉄道の一部運休など、いずれも、日常生活と同時に、観光や人々の生業《なりわい》に深くかかわる。

近年、村では、アクセスの良さを生かした宿泊施設や飲食店、農業を観光に結び付けた観光農園が次々と生まれ、人口の減少率は鈍化していた。ようやく光が見え始めていた地域活性化の兆し。しかし、熊本地震によって観光ルートが寸断され、農業にとって〝生命線〟である水の確保さえままならない中、その前途は険しい。

イチゴを柱に観光農園を営んできた木之内農園会長の木之内均《ひとし》さん（五五）は、同村にキャンパスを構える東海大農学部を卒業して約三〇年になる。立野に根を下ろし、新規参入で農地を少しずつ広げてきた。ただ、地震から半年以上が過ぎても、荒れ果てたハウスも、水の来ない田んぼも、ひび割れてうねった畑も、復旧は手付かずのまま。母校である東海大阿蘇キャンパスの将来と合わせ、立野での営農継続に強い危機感を抱いている。

さらに、被災地の苦しみに追い打ちをかけたのが、六月下旬の豪雨被害だった。立野では、二〇一二年七月にも、大雨で大規模な土砂崩れが発生し、住民二人が犠牲となった。もともと崩れやすい火山灰土壌の地質に加え、地震でできた亀裂から大量の雨水が土中に染み込み、表層の土砂崩れが多発した。初夏を迎えた南郷谷から望む阿蘇五岳の山肌には、茶褐色の土砂の帯が幾重にもでき、取材で訪れる度に心が痛んだ。

その五岳に連なる夜峰山《よみねやま》の麓に一軒の老舗旅館がある。「地獄温泉」で知られる「清風荘」である。二〇〇〇年以上の歴史を持つ清風荘は四月一六日未明の本震で建物にひびが入り、村中心部とを結ぶ村道は寸断、温泉は孤立した。その夜、旅館には多くの宿泊客がおり、翌日以降、自衛隊ヘリによって救出された。幸い、けが人はなかったが、宿泊客の中には団体の中国人旅行客も含まれ、同旅館の役員でもある河津進さん（五二）は「食料は十分にあったが、中国領事館から早期避難の要請があり、神経を使った」と振り返る。

豪雨災害も重なった旅館の一階部分は、ボランティアの協力もあり、土砂がかき出され、徐々に復旧が進んでいる。ただ、温泉へつながる村道の復旧は早くても二〇一八年ごろ。営業再開への道のりは遠い。それでも、湧き続ける源泉「すずめの湯」を励みに、河津さんらは今、村内で被害を受けた宿泊施設や商工業者とグループを組んで再興を計画中だ。

「何年かかるか分からないけれど、必ず地獄温泉を復活させてみせます。それまで何とかやっていかないと」

進学を控える二人の息子を持ち、厳しい環境に身を置きながら、常に先を見据える河津さんだ。

南阿蘇の原野にススキの穂が出そろった九月下旬、私は再び現地に入った。崩落した阿蘇大橋のたもとに位置し、東海大阿蘇キャンパスが立地する黒川地区を取材するのが目的だった。

東海大阿蘇キャンパスは、一九七三年に九州東海大の工学部として開設。一九八〇年からは農学部の拠点となり、約八〇〇人の学生の大半は、黒川地区で下宿生活を送る。住民約千人のうち、学生が八割を占めるため、「学生村」とも呼ばれ、独特の地域文化を築いてきた。

今回の地震で女子一人を含む三人の学生が命を落とした黒川地区も、立野と同じく、布田川断層帯の直上にある。七〇棟近い学生用の低層アパートの多くは一階部分がつぶれ、学生が熊本市の熊本キャンパスに移ってからは、ひっそりと静まり返っている。地区を訪ねた日、崩れたアパートの一角には、一輪の花が手向けられていた。

最低でも四年間、黒川地区に住みながら大学に通う農学部の学生らにとって、友をつくり、自然や地域と向き合うキャンパスライフは特別の意味を持つ。その深いつながり故に、仲間を亡くし、地域が傷ついたことに罪の意識を感じる学生は少なくなかった。

卒業を控える四年の原田健汰さん（二二）もそんな一人。埼玉県出身の彼は、地震後、しばらく実家に戻ったが、「自分だけが日常に戻っている生活に悶々《もんもん》としていた」と打ち明ける。

「熊本市内のキャンパスに移って、改めて南阿蘇がいかに大切な存在だったたか、強く思うようになったんです」

そう語る彼は、休日を利用して黒川地区を訪れ、サークルの仲間と共に三線《さんしん》を演奏したり、住民と交流したりする活動を続けている。卒業後は東京の会社への就職が決まり、熊本を離れるが、「就職しても、何らかの形でずっと南阿蘇に関わっていきたい。阿蘇の素晴らしさを後輩たちに伝えていきたい」と話す。

大学生たちの若い力は、住民にとって心の支えだった。自らも学生アパートを営み、家族のように接してきた黒川地区の区長、竹原満博さん（五五）は「避難所の運営をはじめ、学生たちは地域のために尽くしてくれた。本当に感謝している」と振り返る。

ただ、阿蘇キャンパスは、白川に近い敷地の崩落が続いており、校舎も一部は使用できないまま。あちこちに亀裂が入り、再建は容易ではない。竹原さんにとっても、学生がいなくなることは、経済的なもの以上に精神的に大きな損失だが、思いは複雑だ。

「学生に帰ってきてほしいと思う半面、このままでは安心して住める場所を提供できない。ここでアパートを再建しようという人がどれだけいるか。小さい頃から、ここは大学とともにあったが、これまでが良すぎたのかもしれんですね」

一〇月に入り、南阿蘇村では、住民の声を聞きながら、復興計画の策定が進んでいる。しかし、その先行きには、あまりにも見えない要素が多い。

黒川地区にとっては、中核だった東海大阿蘇キャンパスがどうなるのか。東海大は二〇一七年一月二四日、阿蘇キャンパスを存続させ熊本キャンパスと併用していく方針を発表したが、具体的な再開時期は未定。学生が村に戻るかどうかも不透明だ。約千人の住民が四分の一に減った地域づくりは、単に住宅再建で済む問題ではない。

三五七世帯（八七七人）が長期避難世帯に認定され、多くの住民が隣の大津町の仮設住宅で暮らす立野地区も同様だ。阿蘇大橋や国道五七号をはじめ、水の確保や土砂災害対策など、当たり前の生活を送るインフラの復旧さえ、まだ確定していない。同村と県が実施したアンケートでは、「帰りたい」という住民が六割に達したが、逆に言えば、四割近くは帰郷を迷っているということでもある。仮に戻れたとしてもコミュニティーは維持できるのか。不安は尽きない。

それでも、希望はある。村内のみなし仮設住宅に家族と暮らす南阿蘇中一年の田爪来実《たづめくるみ》さんは、五人が犠牲となった高野台団地の家が土砂に押しつぶされ、新調したばかりの制服も泥に埋まった。あれから七カ月。入学直後の被災に心を押しつぶされそうになりながらも、今は元気に通学し、吹奏楽部で練習に励んでいる。「地震の体験に比べたら、どんなことも苦にならないような気がするんです。家族と一緒に復興を見つめながら、地震の記憶を伝えていきたい」

彼女の将来の夢は、震災の経験をつなぐ教師になることだ。

地震から半年が過ぎた一〇月半ば。来実さんが通う南阿蘇中では体育祭があり、澄み切った青空に生徒たちの声が響き渡った。

「共に未来へ向けて進もう。私たちは南阿蘇村が大好き。フレー、フレー、南阿蘇」

被災地がいつ元の姿を取り戻し、すべての被災者が復興を実感することができるのか。眼前の風景はいまだに痛々しく、課題はあまりにも大きい。しかし、夢を抱き、しっかりと前を向く若者たちがいる限り、この災害を乗り越え、魅力あふれるふるさとを創《つく》り上げることができる。その力を、信じたい。

Ⅱ　詠む

地震俳句　驚愕から復興へ

岩岡中正

四月一四日の震度七、一六日の再度の震度七の激震に始まる長い長い今回の熊本地震。只今半年を経てふり返って、あれは何だったのか。やっと少し精神的余裕もでき、物理的にも復興にとりかかり始めた今、この大地震から私たちはどんな衝撃を受け、私たちはこれを俳句でどう表現してきたか、ふり返ってみたい。

大地震でも今回の熊本地震の特徴のひとつは、いつ果てるとも知れぬ余震の長さにある。私たちはまず、何の前ぶれもない震度七の激震に驚愕した。何しろ誰にとっても生まれて初めての経験で、実際目を回してしまったと言っていい。しかもそれが夜だったので、私たちは引き続きその恐怖におののいた。第一回目の四月一四日は午後九時二六分、食後のくつろぎの時間。一六日は午前一時二五分、熟睡していたころ。私たちは春の闇の中、恐怖におののいた。さらにはそれは半年間で四〇〇〇回を越える頻繁な余震へと続いたが、それによって私たちは心の平衡を失った。しかし、一か月二カ月と過ぎて、夏に入るころには少しづつ平常に戻りはじめ、三カ月を過ぎるころには再建への心の準備も整いはじめた。

こうして地震の始まってから半年間、私たちが地震から受けた衝撃に対する印象は、時間の経過とともにいくつかの段階を推移してきた。また、地震が始まったのが春、それも晩春のころ。今は夏も過ぎて秋、一〇月半ばの晩秋である。こうしてみると、季節も季語も移り、俳句による表現もその環境も変化してきた。

こうして地震から受けた感動表現も、時間の経過や季節の変化の中で、変わりはじめた。以下、いくつかの段階を追いながら、私たちが地震から受けた心の変化を俳句でどう表現してきたか、明らかにしたい。なお、以下の俳句のうち、とくに作者名が書いてない俳句はすべて、筆者である私の作品である（また、以下に掲載の作品は、俳誌「阿蘇」、「ホトトギス」に発表されたものである）。

（1） 春の闇

①震度七―驚愕から恐怖へ

春の闇どすんと直下型地震
一身を貫く地震《なゐ》や新樹冷《しんじゆびえ》
戦場のごとくに地震や春深し

最初の地震は、私の町・熊本市南区川尻では震度六弱。本当に大地から突き上げるような「どすん」という音がして、全身が一本の棒で貫かれるような感じがした。壁につかまって立つこともできず、揺れに身をまかせて床に這いつくばっている時間が長く長く感じられた。それは「春の闇」の中だったが、どこかヒヤリとした「新樹冷」の感じがした。地震は、驚愕と恐怖からはじまった。

また、戦後生まれの私には戦争体験はないが、よく読み聞きした戦場や防空壕とはこんなものかと思った。つまり私が最初に受けた衝撃は実際、生命の危機への恐怖であった。

②春の闇—不安と漂流

ぱつくりと大地口空け鼓草《つづみぐさ》
春天や足下に地震の神うごめく
いつよりか地震の棲みつく春の闇
余震なほ指先にある春の闇
いつ果つるともなき地震や春深し
あぢさゐにブルーシートも見飽きたり
地球哄笑し春の夜の大地震　　圭々

一般に第一回目の地震を「本震」それ以降を「余震」と思いがちなものだが、今回の熊本地震の特徴は、第一回目に続く二回目が激しく破壊力も大きかった点にある。私たちは最初の激震をやり過ごして一寸ほっとしているところへ二回目のもっと大きな激震が走った。そのことが被害を大きくし、またいつ次の地震が来るかもしれないという不安をかきたてた。この錯覚を避けるために、のちに気象庁は、この「本震」「余震」という区別を無くした。

一句目の「鼓草」（たんぽぽ）の句は、不安の句である。つまりわが家の裏庭のガレージから公道へ出るところに二〇㎝ほどパックリと地割れができて、その亀裂から黒々とした地底が見えた。その脇に咲いているたんぽぽの一輪が、いかにもあっけらかんとしていて、かえっていっそうの不安を誘った。また、ふと空を見上げると抜けるような春天（春の空）で、この二句目は、空の明るさと大地に黒々とうごめく地震の不安とを対置した俳句である。

この不安は、四句目の「春の闇」の「指先」にも象徴されている。私は闇の中で、くり返し余震があるたびに目覚め、自分の震える指先を見詰めて、何の為すすべもなかった。

こうしていつしか四月から五月へ春は深まったが、相変わらず余震は続いて、五句目のように、「いつ果つるともなき」地震に不安が募っていった。何とか日常生活を営みながらも、私たちの心はまるで、日々漂流しているようだった。

なお、最後の「哄笑し」の圭々さんの句は、地震を地球規模で大きくとらえた、恐怖に満ちた句である。笑えないユーモアで、ユニークな俳句である。

③雀の子―祈りと安堵

囀《さえずり》に地震の神鎮まり給へ

大地震の去りたる土に雀の子

子燕の顔出してゐる余震かな

地震の空整然として鳥帰る

地震は人知の及ばないもので、ひたすら耐えるしかない。しかし、耐えている時間が長く限界に達すると、神仏や万霊に祈りたくなる。しかしこの地震も、さすがに四月末には回数も減って、周りを見まわす余裕も生まれた。

一句目は、春の鳥たちが、ときに楽しげにときに喧《かまびす》しく鳴き立てる囀（さえずり＝春の季語）が天上から豊かに降りくる中、思わず天上を仰いで「地震《ない》の神」よどうか「鎮まり給へ」と祈る句である。揺れやまぬ余震の中で私たちができることといえば、祈ることしかない。

ちょうどこの春から夏、つまり四月から五月ごろにかけては、右の二句目三句目のように、雀や燕の子が孵《かえ》って巣立ちするころである。健気にも地震の中で生まれ育っていく雀や燕の子は、ほっと私たちの安堵の象徴のようなもので、私はこれらを見かけて力づけられたものである。それはまるで、自分のいのちを、この小さな鳥たちのいのちによって確認しているようだった。

四句目は、やや落ち着いた頃の安堵の句である。ふと空を見上げて、地震の地上とは無縁の鳥たちが空高く故郷へ帰っていくのに心寄せる句である。この句は「整然として」に思いがあって、この地上の混乱とは対照的に、あのように粛々として鳥が渡るのを見て驚きあこがれているのである。また、この句は故郷の北へ帰る鳥たちと、被災した自分自身を思い重ねている句だが、なかには自宅を捨てなければならなかった人も少なからずいた。こうして、次のような安堵の句が生まれるとともに、地震直後からいち早い復興も一部で始まった。

④緑蔭──命の連帯

緑　蔭　に　命　拾　ひ　の　立　話　土屋芳己

緑蔭に息災のかほそろひけり　坂田美代子

復　興　へ　春　灯　一　つ　づ　つ　点　る　利光釈郎

これら緑蔭の句は一見穏やかな句だが、よく読むと危機と安堵が表裏一体となった、厳しい命がけの俳句である。つまり一句目の、「命拾ひ」の句は実話で、作者が立ち話をしている知人の息子さんの大学生は、その友人たちを失ったが、本人は間一髪のところで死を免れた事件である。

二句目もまた、「息災のかほ」が切実で、生きのびたことへのよろこびがしみじみ伝わってくる句である。そもそも「息災」ということばは仏力で災害を消滅させることであって、それこそ仏恩によって一命をとりとめた私たちという句である。さらにこの句のもう一つのポイントは「そろひけり」にあって、人間の本能には基本的に、共同性や社会性、つまりそれぞれお互いのいのちへの配慮があって、皆のいのちが揃ってこそ、本当の安らぎが得られるのである。つまり激震という各人の生命の危機が、まるで本能のように、「私たち人間」「全体の大きないのち」という共同感覚を呼び覚ます思いやりを生んだのである。

さらに三句目の春灯の句も、激震のあとの安らぎの句で、暗闇の中に点りはじめた町の灯を見て、再建へ元気づけられたという句である。リズミカルで、とくに「一つづつ」と詠んだところに、自分に言って聞かせるような思いがある。

（2）　炎天の瓦礫

①夏に入る―更衣《ころもがえ》

余震やや遠ざかりたる更衣

直角に折れし電柱夏つばめ

夏の夜の地震に欠けたるネオンの字

地震去つてあつけらかんと花南瓜

暦では五月に入ればもう立夏。地震の山河も夏に入る。相変わらず余震はおさまらないが、ともかくも激震をやり過ごして、さあこれから再出発という思いの更衣のころ。一句目は、ほっと安堵し心新たに再出発する句である。

二句目の折れた電柱も、三句目のネオンも無残。みごとに直角に折れたコンクリート製の電柱に、これまた鋭角に夏燕が一閃する。これは、角度と構図の句である。三句目のネオンの字も、日頃が華やかなネオンだけに、一字欠けるとあわれである。しかし、ネオンが点いているところは良い方で、大方は無人の闇である。

四句目は激震の去ったあとの畑の風景だが、この句には、地震で張りつめた天地全体の緊張が一気に解けてしまった空虚が詠まれていて、その象徴が「あつけらかん」と黄色で明るい南瓜の花である。

②五月雨―必死の生

人の世はいつも唐突かたつむり
ででむしの角ふるはせて生きんとす
地震続き蝌蚪《かと》に手が生え足が生え　山下しげ人
山蟻の考へてゐる亀裂かな
二つ三つ地震に曲がりし胡瓜《きゅうり》かな　平川みどり
たましひのごと瓦礫より梅雨の蝶
大地震に荒梅雨いよよ自愛せよ
梅天を遠流のやうに歩きけり

この地震による崩壊の地も、梅雨に入る。瓦礫に五月雨が音立てて降る。私たちの心は倦《う》んでいく一方で、この雨の中、小動物たちは健気に生きている。一句目から四句目までは、余震の中に生きる小動物たちの姿を詠んだものである。

一句目はかたつむり。人間同様、かたつむりだってこの大地震にはさぞかし驚いたことだろう。人間と同じく、かたつむりの人生だって何があるかわからないのである。二句目も「ででむし」（かたつむり）。地震の中小さな角をふるわせて、これも必死に生きようとしている。その姿は、ちょうど被災から立ち直ろうとする私たち人間の姿でもある。また三句目は、地震をよそに生きつづける蝌蚪（おたまじゃくし）の生命力への驚きである。

四句目は山蟻。突然生じた大地の亀裂まで来て、はたと立ち止まって困惑する姿が、真剣でありユーモラス。どこか、人生を考えているような蟻の横顔が見える。また五句目は胡瓜。地震で曲がるかどうかは不明だが、どこかユーモラスで、健気である。さらに六句目は、瓦礫の中をさまよう梅雨の蝶。現《うつつ》の姿の蝶が一つの「たましひ」となって漂う姿は、私たち自身の姿でもあった。

いずれにせよ、かたつむりや蝌蚪から梅雨の蝶まで、小さな生き物たちも人間と同様必死に生きようとしているのだが、そこへ七句目のように、この地震に加えて荒梅雨《あらづゆ》（激しい五月雨）までやってくる。これは、以上の健気な虫たちや植物や人間たちへ、思わず、「自愛せよ」と声をかけたくなるという句である。

それにしても今年の夏は雨がとくに激しく、多くの被害が出た。暗い梅雨の空の下、思い屈して歩きながら、私はふと、昨年末旅をした隠岐の島で作った〈浜焚火してゐて遠流めきにけり〉という自分の俳句を思い出していた。四月以降の長い余震で疲れた身には八句目のように、何もかも一切が遠流めいていたのである。

③崩落の城――ふるさと喪失

ほととぎす一村地震に痩せにけり
酒蔵の瓦礫の見ゆる窓若葉
緑蔭の深き祈りの地震の宮
崩落の夏の宮にも詣でけり
炎天の城垣も櫓も瓦礫
ふるさとが城が崩れてゐる炎暑

青葉繁れる夏ともなれば、万物の力はいやがうえにも増す一方で、震災の被害がいよいよ目を奪うように大きくなってくる。一句目のように、人目をしのぶようにして被害の中心地益城町へ行くと、ただ驚き以外に声もなくまさに村全体町全体が痩せ細ったという印象だった。ほととぎすの甲高く鋭い声が一村を貫き、いよいよ廃墟めく思いがした。

二句目は、私の町川尻のシンボルのような瑞鷹酒造の酒蔵である。くまもと工芸館の三階から見ると、さかんな緑の中、巨大な蔵の屋根瓦が飛散し傷ついて、正視に耐えなかった。まるで、巨いなるなつかしいわが母のようなものが傷つけられたような屈辱感まで湧いたものである。

それは、三句目四句目の熊本城の隣りの熊本大神宮についても同様。社殿は巨大な屋根の形のまま崩落し、背後の城壁も一面に崩壊し、城壁の巨石も材木もすべて瓦礫となって、無言だった。わずかに残された小さな社務所がいよいよ小さくあわれだった。しかしその瓦礫にも大木の緑が影をさしのべ、鎮魂の静かな時が流れていた。崩落の宮が無言の静寂の中で必死に祈っているように見えたのである。

五、六句目は熊本城の一部崩壊の句。いずれも、新聞やテレビなどの映像で私たちみんなにショックを与えた、長塀の倒壊と櫓の崩壊である。この光景は、炎天下でとくに悲惨であり、熊本特有の炎暑の中私たちは、汗とも涙ともつかぬものを拭いつつ呆然とたたずんだのである。長塀の倒壊は早く、最初はブルーシートでおおわれ、明るすぎるブルーがいかにも無惨だったが、しばらくして白のシートに変えられた。

とくに辛かったのは、六句目の飯田丸五階櫓。もちろん天守閣の屋根瓦の崩壊と飛散は見るに耐えない驚きだったが、そこにまで夏草が生えて、いよいよ哀れを誘った。これにもまして、この一本足の櫓の危うさは、私たちの心配の種だった。この櫓の根元が日々崩落していくのが見え、音がしたのである。城の崩壊はやや大げさに言えば、私たちのアイデンティティーの危機であり、熊本市民が子供の頃から親しんだ城の一部の崩落は、まるで私たちの身を削られるように痛いものだった。

④炎天の瓦礫—心の風景

炎天の更地となつてしまひけり
どこまでもことば欲《ほ》りゆく炎天下
灼け石に手を置けば地震の記憶
こゑあげて崩るる炎天の瓦礫
一本の百合うつくしき瓦礫かな
鎮魂のごとく瓦礫に水を打つ
瓦礫みな祈る形に炎天下
瓦礫声あげ夏草は直立す

全壊の家捨てられぬ夏の草
夏の草より立ち上がりたる重機
蟬の穴地上はかなきことばかり　渡辺久美子

過ぎてみれば、この地震の夏はとくに暑かった記憶がある。被災地には少しづつ更地が目立ちはじめたが、町の辻々にぽっかりと口を空けた右の一句目のように、この空間は私の心の空白を象徴しているようだった。その空白の心を抱えながら私は、炎天下、しばしば城のまわりを歩いた。一体、この空虚をどう表現したらいいのか、ことばにしたらいいのか、難題だった。それが右の二句目の句だが、私たちは、句会を重ねてことばを捨て去った果てに究極のことばを捜す練習をしているので、この炎天下の吟行は苦しくとも楽しいものだった。

また三句目は、炎天下で熱く灼ける石にふれたときの感触で四月の激震を思い出したという句である。激震は、それほどの恐怖を私たちの心に刻み込んだのである。

さらに四句目から七句目までの四句は、地震の瓦礫を詠んだものである。この震災風景で最も印象深かったのは、瓦礫と夏草だった。瓦礫は主として家や壁や塀や道路が崩れ落ちた瓦や木材、それにブロックや石ころや土くれなのだが、それもまたいつの間にか、もの言わぬ被災者のように見えてくるのだ。もちろんそれは私の心象風景の投影なのだが、私は瓦礫を通して、この被災の心の風景を詠んでみたかったのである。

つまり四句目の「こゑ」（声）あげて崩れてゆく瓦礫は、私自身のかなしみであり、五句目は、被災した瓦礫に生きのびたひときわ美しい一本の百合に、いのちの励ましをもらったという句である。また六句目は「瓦礫」にいのちを見て、土埃を抑えるための打ち水をまるで鎮魂のようだと見た句である。さらに七句目も同様で、被災地の町内の町角にうず高く積まれた瓦礫が大小どれも三角形で、人間が手を合わせて祈るような形をしているのに驚いて作った句である。そのとき私はたしかに石牟礼道子の「祈るべき天と思えど天の病む」という有名な句を思い出して、この瓦礫の形に、無力の果てに祈るよりほかない人間の姿を重ねて見ていたのである。

さらに、続く八句目の「瓦礫声あげ」から「重機」の十句目までの三句はどれも、「夏草」の句である。この地震による瓦礫という廃墟に対して、私の心に一番印象的だったのが「夏草」である。瓦礫は声をあげ、夏草は力強く生きるのである。とくに熊本城の天守閣の屋根瓦の崩壊は見るからに痛々しく見るにしのびなかったが、さらにこの短い期間に屋根に青々と夏草が生えているのを見たときは、憤りさえおぼえた。

その夏草だが、九句目は、全壊の家を前になすすべもなくたたずむ住人に対して、勝ち誇ったように伸びた夏草の句である。その夏草の地であっても人は生きねばならないのである。しかしそれでも人間は強く、十句目の句のようにこの夏草に負けずに復興の重機が働きはじめた。

最後の蟬の句のように、猛暑の中、天上に蟬が鳴き渡り地上に蟬の穴が目立つようになると、瓦礫も蟬の穴も私たちの心も、一切が空しさに包まれる思いがしたのである。

⑤秋風の町—「為すことあり」

地震の町にも秋風の渡るころ
倒れたる父の墓にも参りけり
地震の地のゑのころ草として吹かれ
門火焚く家も無くしてしまひけり　松本よし枝

倒壊の寸前にして冷《すさ》まじや
地震あとの今も名城小鳥来る
赤赤と鬼灯《ほおずき》われに為すことあり　永村典子

こうして八月、夏も逝き、初秋の風も吹きはじめる。八月末から九月に入って時折震度四や五があったりして驚かされることもあったが、余震も二千回を越えるころになると、随分落ち着きはじめて、復興の機運もみなぎってきた。八月末には被災した熊本県立劇場も再開されるとともに、避難所も閉鎖されはじめた。

一句目は文字通り、少し安堵して秋風をたのしんでいるという句だが、熊本城をはじめ、被災の風景はまだまだ変わらない。秋風が爽やかであるとともに、侘しくも感じられもするのである。とくにお盆の墓参りとはいっても、生い茂った草を刈るまでがやっとで、二句目のように、倒れた墓石などはまだ手つかずの状態である。我が家の墓など、お盆に草を刈っても、一ヶ月後の秋彼岸には地割れの隙間から再び草が茂るありさまで、しみじみと徒労感を味わったものだし、工事が進まないことを墓に侘びるほかなかった。

さらに秋ともなれば、三句目のように、町なかの空地や瓦礫には、えのころ草（猫じゃらし）が立ってそよぎはじめたが、その風景は、何ともわびしいものである。また四句目の「門火焚く」の句だが、これはお盆に先祖の霊を迎えるために門前で火を焚く行事。しかしこの地震で門火を焚く家さえ失ってしまったという悲嘆の句である。「家も無くして」の「も」にこめられた悲しみの深さを想わねばならない。

次に五句目だが、我が家の近くにはほとんど崩壊寸前の古い家があって、何本もの材木で支えられてやっと立っている危うい風景は、秋深むころの季語でいう「冷まじ」という言葉がピッタリだ。つまりこの「冷まじ」とは、実景とともにこれを超えて心理的な恐怖までも覚えさせる状況を言うのである。

さらに六句目は、痛々しく損壊した熊本城への存問の句である。損壊したとはいえやはり天下の名城、私たちの誇りの城である。「小鳥来る」で、どこか慰められるような明るさと未来がある。それは復興への励ましでもある。

こうして秋は深みゆくが、最後は「鬼灯」の句で終りたい。春の闇の中で始まった激震から、炎天の瓦礫から秋風わたる町へと、この十月半ばで激震からちょうど半年。我が家の倒れた塀も崩落した白壁も屋内外のたくさんの亀裂や瓦も、まだまだ手付かず。とはいえ地震は、もう何を失ってもいいという、どこか諦念めいた、どこか明るい力のようなものをもたらしてくれたし、たんなる復旧復興を越えて何かまた新しいものへ挑戦する意欲のようなものを与えてくれた。それは、激震や余震の驚愕や恐怖を越えたところから生まれた不思議な決意のようなものである。最後の「鬼灯」の句では、こうした新しい意欲や力を詠みたかったのである。

Ⅲ　書く

古書店主の震災日記

河島一夫

四月一四日（木）晴れ　長男と羽田で待ち合わせ、最終便で阿蘇くまもと空港に着いたのが九時〇五分。飛行機を降り、駐車場を出たのが九時二五分頃。市内に向かっていたところ、免許センターを通り過ぎた辺りで、大風でハンドルを取られたように大きく車が横に振られた。何だろうと思った瞬間、前方の熊本市街地が、打ち上げ花火が失敗したかのように一面、パッパッパと光った。長男は、ミサイル攻撃にあったように見えたと言った。その後、車に流れていたラジオで地震だと知った。店（舒文堂）の手前で降りると、町内の人達が外に出ていた。店に入ると、積んでいた全集は崩れ、本棚から本が散乱していた。三階の住まいまでの階段に積んでいた本も散乱していて、本を踏んで何とか三階まで上がった。玄関も散乱していて、家内はこわばった様子でリビングの椅子に座っていた。「大変怖かった。今でも余震が続いて怖い」と言う。室内を見れば、ピアノが二〇センチ程前にずれている。本棚の前に積み重ねていた本が崩れていた。隣接する台所を見れば、食器棚からコップやら皿等が床に割れて散乱して近づけない。冷蔵庫も大きく前に飛び出している。その後も、「ドスン」と音がし、グラグラと一〇分位の間隔でくる。その度に、家内はテーブルの下に潜る。私は、揺れが来るたびに大きく揺れる薄いテレビを押さえていた。その夜は、何度も揺れる。

四月一五日（金）晴れ　六時頃起きて、相変わらず小さな余震が続く中、昭和五年に建った二階建て木造の離れの状態を見に行った。潰れずに建っていた。外観はどうもなっていないが、玄関横の漆喰の壁が廊下に落ちて土壁が散乱していた。まずは、店舗の三階までの階段の本を元通りに積み上げる。次に、自動ドアの前に積んでいる全集類を元に戻して、外から見た感じでは、何事も無かったようにした。その位の崩れようだった。九時半から従業員一人と長男とで店内を片付けていると、昨日来店した外国人が、版画類（江戸時代の浮世絵）を買いに来た。私が居なかったので、「明日来る」と言って帰ったと家内から聞いていた。二割引いてあげた。彼は、駅前のホテルに泊まっていて、地震後にホテルの案内で、近くの学校で一晩過ごしたとのことであった。その後、積んでいた全集類を元に積み直し、棚から落ちた本を元に戻す。上から落ちた重たい本は、床に置いたままとした。二階の事務所のドアが開かないと、家内が降りて来た。開けようとするが、びくとも動かない。スライド式のドアで、書類が散乱しているのか、ドアをはずせない。長男が力尽くで押してやっとドアが外れた。事務所も書類が散乱していた。隣の応接間兼書斎のドアを開けたら、ここも散乱していた。棚の横に積んでいた「日本書誌学大系」が入口を塞いでいる。左横には「国史大辞典」がバッサと棚から落ちた本の上に腹を見せて並んで落ちていた。見かねてそこだけ元に戻す。五時迄の片付けで店を閉める。

4月16日の本震直後の舒文堂河島書店の2階の倉庫。本が散乱している

四月一六日（土）　晴れ、二回目の地震は倍の揺れよう

熟睡していた夜中午前一時二五分、下から押し上げるような揺れと同時に横揺れが大きく襲った。ベッドが大きく横に動く。私は、ベッドから放り出され、横にあった家内の本棚が倒れてきて、本が降ってきた。怪我も無く本棚を押しやり、再びベッドに戻った。凄い地震だったなとの思いであったが、また、そのまま寝ようと思ったその時、四階に居る長男がドアを開けて、「避難しなければ駄目だ」と言う。頑丈なビルに居るので、ここの方が安全だと思ったが、避難する事にした。室内は真っ暗である。昨日、念のためと用意していた大きな懐中電灯を手に取る。部屋を点検したら、洗濯機のホースが外れて水がシューシューと噴き出していた。家内が元栓を止める。昨日直したピアノが大きく前

に動いている。冷蔵庫も大きく前に出てドアが開いて中の物が飛び出している。ドアをしめる。食器棚は再度地震が来たらとのことで、家内が梱包テープで止めていたから、食器は飛び出ていなかった。着の身着のまま、懐中電灯を片手に再び本で埋まった階段を降りて外に出ると、町内の多くの人達も逃げている。近くの城東小学校（ＮＨＫの横にあるので、よくテレビで校庭が放映されていた）に行く。多くの人達が来ていた。学校の役員の人達であろうか、体育館からマットや椅子を校庭に出している。家内を見ればパジャマのまま小さな毛布を肩に掛けていた。家内をマットに座らせると、私は、店に戻って着替え、スマートフォンを持って再び外へ出た。夜中二時半頃であったろう。町内の会長をしているので、先ずは被害状況を真っ暗なアーケード街を懐中電灯片手に見て回った。あちこちガラスが落ちていたり壁面の壁が落ちていたりしていたがアーケードの損傷もないし、ビルの倒壊もないようだった。店の前を見れば、配線のためにビルの側面に補助的に積み上げてあった壁が崩落し粉々に散らばり、我が店の所までも拳大の破片が転がっていた。再び小学校に戻ると、倍の人達が来ていた。車で来ている人も多い。車内で寝れるからだ。椅子に座って近所の人達と話すうちに寒くなってきた。その後、教室も使えるとのことで教室に入ると多くの近所の方々がいた。体育館は壁面が壊れているとのことで使用できないという。五時になり明るくなってきたので、一人店に戻ると言って離れる。途中、近くの熊本大神宮が崩壊しているとの情報で見に行けば、裏の高い熊本城の石垣が崩れて大神宮を襲っていた。その先も石垣が大きく崩れて、西南戦争でも焼けなかった櫓が崩壊していた。すぐ近くのホテルを見れば、大きく壁一面に亀裂が入っている。朝食を考えていたら、小学校の横の新築したばかりのマンションに引っ越してきた次女夫婦が自分たちの部屋に来いという。水も出ないし、トイレも利用できないからだ。おにぎりを食べて、店を片付けようかと家内に言うと、余震が多いので危険だと制する。市道との境に大きな敷石と小さな敷石を一列敷いているのだが、中央の敷石が外れて浮いて石は粉々になっている。敷石の半分は三ミリか五ミリ程浮き上がり、半分は沈んでいる。それで、店半分の透明なガラスサッシ戸が開かない。店内では、中央の棚が動いて本が下敷きとなり傾いていた。再度、離れの　家を見に行く。五センチ以上北に傾いて、サッシの鍵が破損して扉が開いたままだった。そして、一番奥の塀が倒れていた。入口の本を歩ける様に整理していると、朝から本を買いに来たと中年の男性が来

弦書房

出版案内

2025年

『不謹慎な旅２』より
写真・木村聡

弦書房

〒810-0041　福岡市中央区大名2-2-43-301
電話　092(726)9885　　FAX　092(726)9886
URL　http://genshobo.com/　E-mail　books@genshobo.com

◆表示価格はすべて税別です
◆送料無料(ただし、1000円未満の場合は送料 250円を申し受けます)
◆図書目録請求呈

◆渡辺京二史学への入門書

渡辺京二論 隠れた小径を行く

三浦小太郎　渡辺京二が一貫して手放さなかったものとは何か。「小さきものの死」から絶筆『小さきものの近代』まで、全著作を読み解き、広大な思想の軌跡をたどる。

2200円

渡辺京二の近代素描4作品（時代順）

＊「近代」をとらえ直すための壮大な思想と構想の軌跡

日本近世の起源 戦国乱世から徳川の平和へ【新装版】

1900円

室町後期・戦国期の社会的活力をとらえ直し、徳川期の平和がどういう経緯で形成されたのかを解き明かす。

黒船前夜 ロシア・アイヌ・日本の三国志【新装版】

2200円

◆甦る18世紀のロシアと日本　ペリー来航以前、ロシアはどのようにして日本の北辺を騒がせるようになったのか。

戸という幻景【新装版】

1800円

戸は近代とちがうからこそおもしろい。『逝きし世の面影』姉妹版。

きものの近代 1・2（全2巻）

各3000円

維新以後、国民的自覚を強制された時代を生きた日
とりひとりの「維新」を鮮やかに描く。第二十章「激
と自由党解党」で絶筆・未完。

潜伏キリシタン関連本

【新装版】

かくれキリシタンの起源 信仰と信者の実相

中園成生　「禁教で変容した信仰」という従来のイメージをくつがえす。なぜ二五〇年にわたる禁教時代に耐えられたのか。

2800円

FUKUOKA Uブックレット⑨

かくれキリシタンとは何か オラショを巡る旅

680円

中園成生　四〇〇年間変わらなかった信仰——現在も続くかくれキリシタン信仰の歴史とその真の姿に迫るフィールドワーク。

アルメイダ神父とその時代

2700円

玉木譲　アルメイダ（一五二五〜一五八三）終焉の地天草市河浦町から発信する力作評伝。

天草島原一揆後を治めた代官 鈴木重成

2200円

田口孝雄　一揆後の疲弊しきった天草と島原で、戦後処理と治国安民を12年にわたって成し遂げた徳川家の側近の人物像。

天草キリシタン紀行 﨑津・大江・キリシタンゆかりの地

小林健浩［編］﨑津・大江・本渡教会主任司祭［監修］　隠れ部屋や家庭祭壇、ミサの光景など﨑津集落を中心に貴重な写真二〇〇点と四五〇年の天草キリスト教史をたどる資料を収録。

た。「こんな惨状で、無理です」と言うが、陸上自衛隊が出した「『新編西南戦史』を」と言う。その本棚まで、靴を脱いで木の上を行くと、一列だけ本が落ちてない中にその本があった。喜んで買って帰られた。それ以上の整理はせず、次女のマンションに行く。夕方から長女夫婦一家と娘婿の従姉妹さんも一人で怖いと来た。新築のマンションで耐震性もある様で余り揺れない。その夜は、雑魚寝で寝る。余震は続いている。

地震直後の手取菅原神社。鳥居が壊れたままだ（熊本市水道町、2016 年 4 月）

四月一七日（日）晴れ一時雨　五時頃起きる。軽い朝食を済ませて七時頃店に行く。外では、前のビルに足場を組んでこれ以上コンクリートが落ちてこないようにしていた。早さに驚いたが、親戚の業者だそうだ。店に入り奥まで本を踏まずに行けるように、一箇所の通路だけ散乱している本を両側に積んで行く。入口のエントラスに積んでいた全集等を整理する。通常の出社時間になったら従業員の上原さんが来てくれた。再び、床に散乱している本を横に積んで行く。その作業で午前中は終わる。私は、母が入院している近くの病院へ様子を見に行く。ベッドの周りの衣服棚は全部倒してあった。帰りの途中、いつもお参りする手取菅原神社に行くと大きな鳥居が倒れていたのには驚いた。手前で店の近くの三階にあるワインバーのマスターに会う。ワインは全部下に落ちて割れてしまっている。どうしようもなくそのままにしているとの事。帰る途中、瓦が全部落ちている家、壁面が倒れて道路を塞いでいる家と、思いの外ひどい状況だ。その日は、横に積んだ本を元の棚に戻す作業をする。午後一時頃に裏の木造の家の点検に行くと台所の蛇口からちょろちょろと水が出ていた。水が出ることがわかって家内に言う。避難している次女のマンションは水は出ないと言う。水は中心部から復旧したのだろう。トイレが使えることでホットする。飲み水は、配給されて幾分あるのだが、これをトイレには使えない。午後に大阪に住む叔父から、速達で現金書留の見舞状が届く。午後三時頃であったろうか、大牟田の親戚から、軽トラ一台分の水と米や食料品等が、拠点としていた次女のマンションに届く。夕方、長男が町内の人達にもらった水を配りに行った。同じ時間にガスの元栓を止めるとガス会社が来た。その日は、午後五時頃まで店の整理で終わる。店兼自宅で水が出るので、自宅で過ごすことにする。トイレが安心して使えるのが一番だ。三階にいると、時々、「ドン」と音がしグラッと来る。

四月一八日（月）曇りのち雨　午前七時三〇分頃、次女が主人と共に仕事のため、保育園が休園となり子供を預けに来る。午前九時二〇分に従業員の馬場さんが来る。私は、九時三〇分頃に町内の事務所に行く。外で事務員の亀川さんと会い事務所に入ると、ひどい荒れ様である。両側の壁が崩壊している。事務棚と机が大きく動いている。それらを見ていると渋滞で遅れたと事務局長が来た。二人で事務棚等を元に戻して帰る。午前一一時頃に遅れて従業員の上原さんが来る。山鹿市にいる妹の家に避難していて、通常一時間のところを三時間かかったとのこと。長男と四人で本を片づけて棚に並べる。四時頃作業を終わり店を閉めて、家内と植木温泉に行こうと出掛けると、国道はひどい渋滞で、通常は一〇分で行ける所を一時間かかった。これではいつ着くか解らないとUターンして、郊外のスーパー銭湯に向かう。約二〇分程で着いたが、長蛇の列で諦めて自宅に帰った。途中、市電が動いていないことに気付く。仕方なく、自宅近くの銭湯に足を運ぶと、ここも長蛇の列で諦めた。

四月一九日（火）晴れ　この日は定休日で、朝から墓を見に行く。楼門は潰れて跡形も無かった。その脇を登って、すぐ横にある墓を見れば、一つの墓を残して全部南側に倒れていた。灯篭の傘を元に戻そうとしたが重くて抱えられない。帰る途中、お寺の前の一〇階建てくらいのマンションの一階部分が潰れて傾いているのには驚いた。熊本城の不開門も潰れていた。帰って、店の本の最後の整理をする。この日は、長女の娘婿がまだ出社出来ないとのことで、我が家に家族全員で来た。長女が居るマンションは水が出ないのだ。町内の自治会長からＪＡからの物資が町内に来たと電話があり、ペットボトルの水、卵、バナナ、キャベツを貰う。昼食をとっていると、午後一時頃に大牟田から、再び食料品やお菓子が沢山届く。昼から動いた二棚を元に戻す作業をする。まずは本を全部取り除き男三人で棚を動かす。やっとのことで元に戻して本を戻す。これで、店の状態はほぼ元の状態になった。夕方、次女一家が来た。そこに姉の子から電話があり、洗濯も出来ないという。来る様に言った。家内が離れの家で少しのお湯が出るので行水は出来るということで、食事前に体を洗う。家内と姉と姪が行水をするとお湯が出なくなったという。姪は、一昨日風呂屋に行った時のことを「行くまでに二時間、入るのに二時間、裸で並んで一人出てたら一人入れる」と言う。午後七時三〇分頃「ドン」ときてグラッとくる、震度五とテレビに出た。

四月二〇日（水）晴れのち曇り　二〇日は、熊本県古書組合の定例の市場「二十日会」であるが、休会にした。朝から三階の水が出ない。供給する地域が広がったせいであろう。トイレは一階を使う。数日続く作業で埃を吸ったのであろうか、体調がすぐれない。母が居る病院に着替えを持って行って、馴染みの先生に診てもらう。途中、老舗薬局の同仁堂の上野社長と会う。上野さんの店も外壁が一部落下していた。その後、加茂川の山下社長と会う。総菜屋で、おにぎり三〇〇個と一部の惣菜無料提供を一時から始めると言う。帰ると作家の出久根達郎さんから見舞いの葉書が届いていた。今日は二階の倉庫と事務所と応接間の整理だ。昼食は、従業員も三階の自宅に上げて食事をとる。午後からは大阪・心斎橋の中尾さんから見舞状と　見舞金が届く。ビルを施工した岩永組に「損傷しているので見に来て欲しい」と電話を入れる。「順番で行っているので、暫く待って欲しい」との返事。一時過ぎから再び応接間の本の整理をする。取っておいた本もこの際処分するかと一階の店に持って降り、外の空気を吸いに出ると知った人と会う。つい長話になる。多くのホテルは、殆どスプリンクラーが働いて営業出来ないこと、新しく出来たホテル日航熊本はどうもないこと、デパートも天井が落ちたり、棟を繋ぐ渡り廊下が曲がって落下しそうなことなどの話を聞く。二時頃に、商工会議所の山崎さんが部下と来られる。見舞いかと思ったら、何か街で売り出しの様なものをして欲しいとのことである。何しろ街が寂しいと言われる。直ぐに、町内の事業委員長と会って話す。改めて町内を見て回ったら一割くらいしか店は開いていない。ガスが来ていないので、飲食店は営業が出来ない。店の若い人達も店の復興でそれ以外のことは無理であろうと思う。四時三〇分に店を閉める。閉めた後に、東京の市会で買った荷物が九個届く。表の通りには、歩道に山のようにゴミが積まれている。テレビなどの電化製品も目に付く。市のごみ収集車が来るが全部は積めない。そこにまた、ゴミが持ち込まれる。早めの夕食をとって日記を打つ。相変わらず時々、「ドン」ときてグラッとくる。嫌な地震である。

四月二一日（木）雨のち曇り　朝から雨である。六時〇六分、大きな音で「ドン」グラグラと来た。少し緊張した。三階は水が出ない。又、大きく「ドン」グラグラと来た。六時〇九分、六時一一分もグラときた。こんな調子である。雨で雨漏りの点検が出来る。裏の木造の家屋を見て回る。雨漏りはなさそうだ。次に、アーケード街を見て回る。大きく雨が落ちてくる所があった。そのことを私が会長を務める上通商栄会の事務局に伝える。雨は降るし、お客さんも来る事はないだろう。店を休みとして二階の倉庫と事務所と応接間の整理をすることにした。九時三〇分に植木から通勤することになった上原さんは来た。二時間かかると言う。まず、昨日着いた東京からの本を確認をしてもらう。その後、二階の倉庫の整理に当たる。私は、応接間の本の整理をする。応接間の周りは天井まで調べるのに必要な本を置いていて、床にも積んだ状態だった。その本の整理をしたが、この際、開く事がないような本は店に降ろした。食事をしていると熊本県立美術館の学芸員才藤さんから美術館と友の会で出している季刊誌をどうしようかと電話がある。六月一日発行予定だった。一ヶ月ずらそうと答えた。午後からは、本の整理を三時までする。事務局長にアーケードの雨漏りをチェックする様に指示する。何件の店が営業を開始したかの確認をしようと事務所に行くと事務員が調査をしていてくれていた。一番街で田代とうふ屋さんが豆腐とアゲの無料配布をしているというので、長男が貰ってくる。また、田中屋パンで食パンを六枚買ったら別に六枚くれたという。並木坂では、一番街は、天野屋さんと喫茶店一軒が営業をしてた。一・二丁目は、一〇軒の店が営業していた。夜は、店の両側の居酒屋が営業していたが、人通りはまばらだ。夕食は、ナポリタンをワイン片手に食べながら家内と今後のことを話す。相変わらず、何度も「ドン」ときてグラッと来る。

四月二二日（金）曇りのち晴れ　五時三〇分起床、新聞を読む。水が直ぐに出なくなる。七時三〇分に次女が子供を預けに来た。夫婦とも出勤、保育園はまだ休園だ。八時頃店に降りる。町内を見て回る。同仁堂さんは足下駄が組まれ始めていた。一〇時開店といっていたので、従業員二人とも出社してくれて、久し振りに朝礼を簡単に行う。私は昨日の続きの応接間の本の整理にあたる。一一時頃、町内の事務局員が来る。倉庫の片隅に町内の事務所を提供している。中はめちゃめちゃだったので、女性では動かせないロッカー等を手伝う。店は開店しているのでカウンターには一人いて、昨日届いた本の整理に当たらせた。整理をしているとお客さんが見舞いに来られる。その都度店に降りてお礼を言う。三時に郵便が来た。北海道の弘南堂さん、沼津の自游書院さんと東京の友人小谷津君（毎日電話がある）と山口のお客さんから御見舞状と見舞金が送られてきた。四時から招集をかけていた町の各理事長と相談役による会議を行う。破損しているアーケードの箇所を事務局長より報告を受ける。修復の件は、二七日に再度理事を集めて話すことにした。アーケードの吊り下げ看板二枚、「がまだすばい熊本、負けんばい上通」を下げることにした。町内の危険箇所の指摘受けて、早めの対処をと電話を入れる。町内で無届けでボランティアの炊き出しをしている店があるが、周りの店が迷惑していると苦情の電話があり、注意に行く。店に戻り、五時三〇分近くなって店を閉める。全く売れてなかった。店を開いても通りが少ない。閉めた後、長男が帰ってきた。渡辺京二先生宅に見舞いにパンを持って行ったとのこと、先生は、「起きて本を読んでいた時に地震に遭った。寝ていたら、本棚の下敷きになっていた」と。お礼に署名の入った先生の著書を頂いたと本を見せた。三階の居間に上がると、東京の宇野直人先生から見舞いの電話がある。六時過ぎ娘夫婦が仕事を終えて来る。娘婿は、会社のビルはどうもなかったと思っていたら事務所の八階とビルの二階が雨漏りするとのこと。娘は看護師で避難している方々の健康診断に若い看護師二人を連れて行った、とても大変だったと言う。昨晩は、一時間並んで、家族三人で近くの「大福湯」に行ったという。洗い場で一〇分、浴槽で一〇分と決められていたとのこと。夜、相変わらず余震は続く。

四月二三日（土）曇りのち雨　六時〇八分少し大きな地震。朝から三階は水が出る。朝食後、七時三六分久しぶりに大きく「ドン」グラと来て、その直後再度、グラグラッと来た。ネットで注文がきている本を探すが、本の位置が変わっていて探しにくい。一〇時近くなって、二人の従業員も来る。町内を一巡するために外に出た。上通のぴぷれす広場で、今日から一部開店の鶴屋デパートが陶器類を売っていた。店に戻り商栄会の事務局に電話を入れると事務局長だけの出社で、文書の配布は無理だと言う。それから、昨日の続きの応接間の整理に一日中あたる。長男は、書類の書換えを言われて県立図書館に行く。三時頃郵便が来る。神田の山本書店さんから手紙と見舞金が届く。同じ頃、大阪の義兄から二ℓ入の水六本が届く。お茶の時間の四時頃、長女と孫二人来る。長女もこの四月から店で雇っていたが、子供が一年生になったものの学校が休みで店の仕事ができない。五時三〇分となり、店を閉めて、家内と玉名温泉「庄屋」に行くことにした。小さな温泉の風呂屋で、全く混んでなかった。一週間ぶりにゆっくりした風呂だった。外は手が届く所に燕が二〇箇所程の巣につがいでいる。九時頃家に帰る。

四月二四日（日）晴れ　五時一〇分起床、相変わらず、小さな揺れが来る。九時四〇分頃、町内を見て回る。上通を出た所で鶴屋の久我社長さんと会う。お互い「大変ですね」と挨拶する。「五月下旬にはオープンしたい」との事。久我さんが屋上を指差し、屋上の建物の屋根がずれているので先ずはあれを撤去しなければと言われる。見ると大きく壊れてずれ落ちそうだ。帰る途中に「まるぶん書店」が暫く営業が出来ないとの貼り紙を見る。通りでお客さんで書道家の松本先生と会う。「まだ小学校に避難している。古い長屋に住んでいたので倒壊しそうで、もう住む事は出来ない」と言われるので、「大変ですね」と言えば、「なあに、三度三度食事はタダで食べられるし、お金は一銭もいらんたい」と笑って答えられる。一〇時過ぎに店に戻る。三時半頃に査定員が来られ、査定の方法を説明される。査定に一時間程かかるというので、片付けに二階に戻る。四時過ぎに査定が終わったと連絡を受けて店に降りる。大阪弁だ。「昨日、熊本に来た。市内は泊まるところがないので玉名の菊水のホテルに泊まった」との事。査定結果は、被害パーセントは五％。家の傾きは二％で査定は〇％で、壁の落下は三％、土台のヒビが大きく二箇所入っているのでこれが五％という事で、保険金総額五〇〇万円のうち支払いは五％となった。査定員が帰られると、県立美術館友の会の村上了一さんが来られた。八三歳でとても元気でいらっしゃる。新たに買った本棚とテレビが倒れて大変だった。そのうち本を整理したら取りに来て欲しいと言われる。そして、自宅が小学校の近くなので、学校のプールの水でトイレは使えた、また、戦時中のことを考えれば何のことはないと言われた。五時三〇分に店を閉める。夕食を取り、高校のクラスメートの坂本君に電話した。郊外の古い神社を守っている友達だ。社殿は傾き、全てが大変だとの事。今回の地震で神社仏閣が被害が大きい。俳誌「阿蘇」に投稿をする。「傷つきし書物重ねて暮る春」

四月二五日（月）晴れ 早朝、新聞を取りに行くと、表の通りの両側の角から店の前まで、何処から持ち込まれたのだろうか、大型ゴミの山だ。古いテレビ三台、埃だらけの大きなソファ、机、こたつ二台等々、自分では動かせない物ばかり。モラルも何もあったものではない。町内の理事長に電話する。畠山自治会長と三人で市役所に行くことにした。一階の地域振興課に行くと七階の自然環境部廃棄物課に行くように言われ行き、課の入口の若い職員と話していると、以前からゴミ対策の会議や飲み屋で一緒の小崎課長が来られた。「判った、直ぐに業者に依頼する」と即決してくれた。帰りに鳥居が壊れた手取菅原神社に寄ってみた。避難所にいた臼杵宮司の姿が境内に見えた。今日は、春季大祭が予定されていた日だったので聞くと、「行う」と言われる。帰宅してゴミがこれ以上出ないように注意書きのチラシを作成し近くのマンションの入口に貼りに行く。すると、そこの住人が「エレベーターに並木坂（上通）にゴミは出すように書いてある。」と言う。驚いてエレベーター内を見ると大きく貼り紙してある。すぐに剥いで禁止の貼り紙を貼る。マンションの責任者も親しい人だが、強く注意する。彼は集荷されていないことを知らなかったようだが、勝手にマンションの大型ゴミを町中に出すように書くとはあきれたものだ。急ぎ着替えて一一時から行われる大祭に列席し、帰宅すると正午であった。一時に早速ゴミ収集車三台が来て収集に当たっていた。大阪の義兄から水が届く。本の買い入れの電話がある。五時三〇分になり、店を閉めて三階に上がるとインターホンが鳴った。佐賀の西海洞書店の増本君から見舞状と大吟醸二本と小城羊羹が送られてきた。夕食の前に、裏通りのレストラン街を見て回った。約三分の二の店が営業していたが、いつも満席で賑わっている「よこばち」も一組しか入っていなかった。店は開いてもまだお客さんは来る様な環境ではない。しかし、店が開くことが必要だ。近所の蜂楽饅頭の栗山社長さんから電話があったのを思い出し電話をかける。餡を練る時の電力を受ける機械が故障して動かなくなっているので、店を再開するのは五月中旬になるとの事。「それは大変ですね」と言うと、「暫くゆっくり休める」と言われた。

四月二六日（火）晴れ　定休日。　この日は、私を含め全員の健康診断の日であったがキャンセル。

四時一〇分起床。風呂を沸かしてみる。朝早くはどこも水道を使ってないので湯沸器も作動するだろうと思ったからだ。暫くするといつもより勢いは悪いがお湯が出始めた。五時頃ピピピッと湧いた知らせで、直ぐに入る。一一日ぶりの我が家の風呂だった。五時五二分久しぶりに大きな音で「ドン」グラと来る。この一時間に三回程揺れる。六時〇三分にも少し揺れた。店に新聞を取りに行くと、昨日、全て片付いたゴミの場所に、一つ大きなダンボールに分別もされていないゴミが出ていた。直ぐに持ち帰る様に紙に書いてダンボールに貼った。困ったものだ。午前中、庭のツバキと山茶花を消毒する。母の着替えを病院に持っていくついでに、帰りに下通と新市街の様子を見て回る。外見でどうもなく閉まっている店は少ないが、被害を受けて立ち入り禁止の店もある。約七割の店は開いていた。午後は、山鹿で一日から行う「本の装丁展」の原稿を六時過ぎまで書く。原稿を書いている時に数回、下通繁栄会の松永会長から売出し等の相談の電話がある。また、東京の全国古書籍商連合会の山田会長より電話がある。義援金を送るということと大分は被害を受けていないか、とのことだった。早速、別府の大野書店と湯布院の原田書店に電話する。原田さんは、スチールの本棚が一〇棚倒れたとのこと。大野君は本が棚から落ちたが二日で復旧したとのことであった。

四月二七日（水）雨　午前中は、装丁展の解説文を書斎で書いた。一時に食事をしていたら店に呼ばれ降りると、鶴屋のグループ長の富田さんが来ていた。「六月一日にオープンすることになった。その時、復興祭を町全体でしたいので、上通も参加して下さい」とのこと、二時からアーケード街の会議にかけると返事をした。主だった話は、アーケードのジョイント部分の費用の持分の話だった。私は、鶴屋さんの開店の時の売り出し参加について、熊本城復興義援金箱の各店の設置と、中心商店街のワゴンセールを下通と一緒に行うことの依頼の説明をした。福岡の筑前書店さんから見舞金が組合宛に届く。その後は、装丁展の原稿書きに追われる。今日から通常営業で七時三〇分に閉店。

四月二八日（木）雨　朝食前に装丁展の本の解説文を書

き上げる。庭は、昨日から柿の花が落ち始めていた。震災以降、庭を掃いていない。雨の日が多い。午前中に二階の応接間を整理していると門司の佐藤書店さんが手伝いに来られた。大変恐縮する。佐藤さんは直ぐにエプロンをしてどこをしようかと言われる。二階の倉庫の整理を長男とするようにお願いした。佐藤さんは、鯛三匹、ガラカブ一〇匹程、烏賊二杯と栗饅頭を下関の唐戸市場で買って来たと持って来られた。見舞金まで頂く。お昼になり、昼食で三階に上がる。佐藤さんは弁当を持参されていた。昼食後、再び長男と二階の九州の考古学報告書を全部処分する作業をお願いした。三時頃、商工会議所の田村さんより電話があり、安倍首相が上通を視察をしてホテルで対談をしたいと言う。明日、二時頃とのこと、町内をあらためて見て回り視察は五丁目の立川さんのビルから大宝堂までの間が良いと田村さんに伝える。夕方、県立美術館の学芸員才藤さんが来る。五月いっぱい休館とのこと。七時に店を閉める頃、札幌の市英堂の佐藤さんから見舞いのメールがある。同仁堂の上野社長さんに明日、首相が来られるので店頭で出迎えて欲しいと電話する。今日は少し大きな地震が四回あった。

四月二九日（金・祝）晴れ　六時五五分「ドスン」揺ら「ドスン」揺らと立て続けに揺れる。八時三〇分頃店に降り、国旗を掲揚し、街を一巡する。落ちていた土壁の瓦礫を長男が掃除したというので、裏の家を見に行くと、落ちた壁と横の壁とを繋ぐ桟が五センチ程外れていて、桟が浮いている。午前中は、明日持ち込む装丁展の本の最終チェックをする。会議所から電話があり、具体的な首相の行動が分かる。一時二〇分頃に会議所の人が来られ、首相が予定より随分早く来られるとのことで、急いで店を出る。通りには、SPやテレビ局の人達がいた。一時四〇分頃にパトカーの先導で大型バス二台到着し、前のバスから安倍首相が降りてこられた。握手をして出迎える。首相の足が速い、追いかけるように首相に近付きあらためて、上通商栄会の会長と名乗って挨拶し、握手をする。上通に出て説明を始めると、多くの人達が詰めかけて安倍首相は握手攻めとなる。震災後の説明どころではない。首相を離れて、早々に会談場のホテル日航熊本に行く。会談メンバーは、熊本商工会議所の田川会頭、松永下通繁栄会会長、安田新市街商店街振興組合長、久我鶴屋社長と私の五名が二分の持ち時間で話すことになっていた。同席したのは、熊本県の小野副知事、熊本市の大西市長、田原上通事業委員長、猪毛尾下通事業委員長、長江下通副事業委員長のメンバーだった。

長江君は車椅子で今でも避難生活をしているとのことであった。谷崎熊本商工会議所専務理事の司会で始まった。私は、商店街でビルの損傷よりも、屋上に設置している水槽タンクの落下や高圧電気の受けが壊れて営業出来ない店も多い、この様な店にも何らかの救済を行って欲しいことと、消費税のアップを控えて欲しい旨を発言した。総理の発言があり、報道陣を退場させた後、フリートークとなる。時計を見たら二時四〇分だった。帰ると思文閣の田中社長さんから佃煮が見舞状と共に送られてきていた。再び倉庫の整理に当たるが、店に呼び出される。地震以降、本を売りに来られる人が多くなった。電話も多い。夕方は、県の商工観光労働部商工振興金融課の原田課長と森主幹が来られ、街の被害状況を把握したいと言われるので、承知する。すぐに各丁の理事長に電話する。亀井ホールディングスの亀井会長さんが来られて、停電が二日続いたので、冷凍庫の食品が全部ダメになり、甚大な被害と聞く。午後七時から町の会議室で事業委員会があり参加する。復興売り出しをどう行うかと話し合う。八時三〇分頃終わり、一五名皆で焼肉を食べに行く。町内の飲食店に食べに行くのも復興の手伝いだ。一〇時頃飲食店街の裏通りを歩いて帰ると寂しい状態だった。

四月三〇日（土）曇り　熊本日日新聞（以下、熊日と略）に私と首相が掲載されていた。九時四五分朝礼、事務所に行くと事務員がいない。県に出す書類をメモして置いていく。一〇時四〇分頃に山鹿に向かう。一二時に着くと蔵の入り口に、依頼された木部さんが待っておられた。三〇冊の展示だが考えながらセッティングすると丁度一時になった。三時頃店に戻る。下通の松永会長にも電話して、警察の道路使用許可等の確認をする。事業の田原君に上通で独自で道路使用許可をとるように要請する。長女悠里が子供二人連れてくる。学校が始まらないので大変だ。孫は、入学式があって二日学校に登校した後の震災で、一年生の勉強も始まっていない。悠里が来たのは、佐賀にいる友人がボランティアで復旧作業に一日熊本に来ているので、自分は店で待っているという。夕方、東京の東城書店さんから見舞状と見舞金が送られてきた。

街全体で復興始める

五月一日（日）晴天　二時三〇分頃、少し大きな地震があって目覚める。テレビを付けたら震度三だった。四時四〇分起床、六時一三分再び地震。ドンと音がしてグラッとくる。朝食後に、節句の内飾りを床に飾るため初めて四階の納戸に入ると、足の踏み場もない程棚から落ちていた。床に節句を飾る。一一時頃、売り出しを始めたという下通と新市街を見に行く。下通で一〇店舗程の店が店頭で洋服の吊り下げラックを出していた。新市街は、果物の出店が一ブース出していた。古書組合員に二十日会を「震災復興市」という名称で、今月の市会を行うとメールで知らせる。県立美術館友の会の世話をしている森本さんが、美術館の用で来られる。彼女は、アパートが倒壊して学校で避難生活していたが、今は兄夫婦の家にいるとのこと。益城に住んでいる島津さんが来た。家は半壊で住めないとのこと。鶴屋さんが、売り出しの提案書を持って来る。六月一日から一週間ということと、売上の一部を義援金として寄付したい旨を言われる。

五月二日（月）曇り　四時三〇分頃起床。すぐに軽い地震が二度きた。六時〇四分、ドン、グラッと来た。九時頃に彩美堂さんが、震災前に頼んでいた漱石のプレート（漱石と我が家との関係を書いた説明板）を表の柱に取り付けに来られた。一〇時に事務所に行き、道路使用許可書に会長の印を押して警察署に行く。窓口に行くと交通第一課長が応対して頂き、直ぐに許可が下りる。その後、日本政策金融公庫に行くと事業統轄、筆頭副事業統轄、融資第三課長の三人から説明して頂いた。一時に昼食をすませると神戸の岡本商店街から田中成美理事が息子さんと一緒に商店街に一〇万円の見舞金を持って来られた。二時に朝日新聞社の増田愛子記者が取材に来られた。彼女は「さいたま総局」から派遣されて来たと言う。一時間近く話す。店に降りると「日本古書通信社」から見舞いの葉書が来ていた。その後、ビルを施工した岩永組の宮本さんが被害状況を見に来られた。

五月三日（火・祝）雨　定休日。　早朝、震災後初めてのウォーキングに出る。いつものルートを歩いて、ＹＭＣＡから護国神社に向かう。組合の交換会会場として使用している会館は無事であったが、拝殿は突っ張り棒がされて赤紙が貼られていた。そこから熊本城の二の丸広場に行こうとしたが、橋は渡れないように立入禁止のテープが渡してあるので、大きく回り道して二の丸に行く。大手門も立入禁止のテープが渡してある。周りの石垣は大きく崩れひどい被害である。加藤神社に行くと鳥居の左の石垣が大きく崩れていた。棒庵坂を下りて帰る途中、壊れてしまった不開門も見る。熊本城が思ったより甚大な被害である。お昼前から山鹿に向かう。一二時半過ぎに山鹿市内に入り、指定の駐車場に車を止めて、雨の降りしきる中、書籍の展示会場に行く。そこに木部さんが待っておられた。会場の蔵全体を見てまわる。なかなか工夫された展示であった。

五月四日（水・祝）晴れ 倉庫のダムメーターの前の本を整理していたら、昨日、「『黒川排石』という書道家の本を探している」という電話があったが、その本が出てきた。三体千字文の昭和一二年の片々たる本で普通は見つけようにも見つけられない本だ。不思議な事があるものだ。昨日のメモをもとに電話すると、依頼主は東京へ帰ったとの返事。しかし、直ぐに依頼主から電話があり、色々な手段で排石の本を探していたが、その本は、国会図書館にも何処にも載っていない本だという。店に少量の本を売りに来られる。できるだけ買うようにする。昼食後も倉庫の整理をする。震災前より整理整頓がモットーだ。夕食前に、少し大きな地震が来た。震度二だった。

五月五日（木・祝）曇り 午前中は裏の家の二階に置いている市町村史の上に壁の泥が噴き出して、泥を蒔いたようになっている所を掃きながら整理する。昼からは、倉庫の「日本談義」のバックナンバーを整理する。紅蘭亭の葉山会長さんが来られ「下通の店は天井から漏水しているが、何処から漏水しているかわからない」と言われた。亀井会長さん夫婦も来られ「香梅」等の製造工場が被災して開業出来ない企業が数社あると言われた。熊本市現代美術館から県立美術館友の会会員八人分の年会費を持って来られ、閲覧室の天井が傷んだので、まだ開館できないとのことだった。七時前に、順正寺の住職の大友さんが来られ「寝ていたら、天井が落ちてきて、天井裏の土をまともにかぶってしまった。家も赤紙が貼られている。井戸水が使えるから避難所には行かなかった」と話された。

五月六日（金）雨のち曇り 今日から本の出張買い入れを始める旨を伝える。一〇時に開店すると、私は市役所に罹災証明と住民票を取りに行く。長男は午前中の宅買に行って昼前に帰ってきた。全くたいした本もなく、その殆どを廃品回収業の馬場商店に持って行った。昼食を済ませ、一時三〇分頃に宇土市まで二人で宅買に行く。元書道家の先生宅で、書道教室に改装した大きな倉庫の中に入ると、雨漏りするとのことで、屋根に掛ける大きなブルーシートが一面に掛けてあった。それを外すと山と積まれた本が現れた。周りの壁は地震で落ちていた。棟方志功全集、小学館の古典全集、書道全集、日本語大辞典等が目に入る。周りの棚には、新釈漢文大系、漢文大系、机上版の漢和大辞典等が目に入る。一応、積めるだけ積んで帰る。途中、多くのブロック塀の倒壊を横に見て行くと、宇土市役所の横に来た。無残な姿だった。店に着いたのが四時半頃だった。町内の理事長の橋本君が避難所で食中毒があり、二二人救急車で病院に運ばれたと言う。町内の子供も運ばれたとのこと。まだ、八〇名程避難所にいると聞く。

五月七日（土）曇りのち雨　八時過ぎに岩永組の宮本さんが職人二人を連れて来られた。店頭の敷石が割れていて、扉の片方が全く動かなくなっているのを直しに来られた。敷石を剥いで、その下の土台のコンクリートを剥がすと、その下は空洞になっていた。よく見るとビルから外に排出するマンホールが割れて一〇センチ程ずれている。市役所に連絡すると上下水道課の職員が来て、マンホールの蓋を開けると完全にずれている、早く元に戻さないといけないと言われ、コンクリートをはるのを火曜日に行うので、それに合わせて工事をすると言って帰られた。下の土台も電気ドリルで割ってしまったところでサッシ会社の人が来られ、浮き上がったレールを思いっきりハンマーで叩いていくと扉が開いていった。その後、叩き割った敷石やコンクリートを店の下の空洞に入れて砂を敷いて下地の工事は昼過ぎに終わった。一時三〇分店に降りると中村青史先生が、徳永直の「風」を見せて欲しいと来られた。「家で見つけきれず、図書館も開いていないし、此処に来ればあるはず」と言われて、文面を確認して帰られた。

五月八日（日）母の日、雨　お昼前に、東京の紗羅書房さんからお菓子と見舞状と見舞金が届く。一時半に長男と上河先生宅に本を取りに行く。この日は、買入を入れていなかったが、急ぐとのことで、出かけた。健軍の自宅に着くと裏の二坪程の書庫が地震にあったままだった。手前の古い家には解体の業者が来ていた。必要な本を運び出す。「田中正造全集」「蘆花全集」「幸徳秋水全集」「矢内原忠雄全集」があった。今では売れにくい全集である。教育関係の本が多かった。

五月九日（月）雨　日記を打っていると、五時三五分に大きく「ドン」グラグラッと二回来る。一〇時店を開けると、市の上下水道課が来て店頭のマンホールの工事を始めた。店頭の歩道に砂を積んだ二トントラックが横付けしたので、お客さんは出入り出来ない状況になる。午前中は閉めた状態となった。長男は午前中に約束していた宅買に出かけていたが、買うのはなかったと帰ってきた。昼食後に、長男は再び午後に約束していた二軒の本の買い取りに出かける。夕方六時に一ヶ月休会していたロータリークラブの例会に行く。熊本ホテルキャッスルも震災後初めて入った。今日は福岡で行われている劇団四季の団員梅崎友里絵さんの卓話があり、劇団四季の裏話は大変面白かった。例会終了後、長野会員の居酒屋「もっとも」に場所を移して、懇親会となった。九時前に少し大きな地震がある。その後、先週金曜日に再開したと連絡があったスナック「万物」に顔を出す。彼女は、一〇日間慶徳小学校に避難して、ダンボール生活だったこと、三日後友達の家で水で頭を洗ったことなど、大変だったと話す。彼女の一句「避難所の短き夜の長きかな」(俳誌「阿蘇」掲載)。

五月一〇日(火) 定休日 時に強い雨 一〇時から自治会の会計監査で自治会長の畠山宅に行く。町内の被災の状況を聞く。畠山さんのビルも随分痛みがひどく、アパートの住民が全部出てしまっていた。お昼過ぎ一時半頃に洗濯機の水道とのジョイント部分が悪いというので、雨の中をハンズマンに行く。細かな部品まで揃っていて、店員の勧めで部品を買って帰る。早速、買ってきた部品を苦労して付けると洗濯機は正常に戻った。七時から並木坂の役員会があるので「こむらさき本店」に行く。一二名程集まって、町内の問題点を話し合う。

五月一一日(水) 雨のち晴 九時二〇分朝礼、震災後初めて朝礼を元の時間に戻す。長女悠里が次男の孫を連れて来る。学校が再開したので、仕事に復帰できた。長男は宅買に行く。私は、買い取ってきた本の整理をする。昼食を食べ終わると店に呼ばれる。本の持ち込みが多くなったが、その多くを断らざるを得ない。今では売れなくなった本が大半なのだ。二時過ぎに長男が帰ったが、本を下ろすと直ぐに、午後に約束していた所へ行く。郵便で俳誌「阿蘇 五月号」と「大阪古典会目録」が届く。「阿蘇」は震災で二週間遅れであった。四時頃に肥後銀行の行員が書類を持って来て、被災融資の件を聞く。六時頃に長男帰宅。一日中本の買い取りだ。店はその本であふれる。

五月一二日(木) 晴れ 八時に店に降りたら岩永組が来て店前の砂を整備していた。朝礼後、長男は宅買に行く。暫くすると生コン車が来てセメントを一輪車で少しずつ埋めていった。昼前に作業は終わる。長男が帰ってきたが、買い取る本はなかったようだ。一時前に鶴屋東館に行くと久我社長と松永下通会長が来ていた。約束の一時になったら豊永中小企業庁長官、最上九州経済産業局部長等六名が来られた。中心市街地の罹災を視察に来られたのだ。鶴屋さんから下通を見られて、その後、上通の罹災状況を説明して歩く。私の店は漱石も来た店だと言うと店まで行くと言われて来られた。三時過ぎに昔からのお客さんであった新町の先生宅に本を見に行く。三階からボランティアの方々が下ろしてくれた本がアパートの一室に山と積まれていた。

五月一三日（金）晴れ　震災から一ヶ月目で、初めて表の扉も全部開けられ元に戻った。長男は宅買に行く。一一時、熊日の記者を田原君が連れてくる。「上通並木坂」を特集するとの事だ。二時三〇分から熊本市地下駐車場の役員会が国際交流会館であるので出席する。香梅の副島会長が来られていて、震災見舞いを言う。四時頃帰宅。六時三〇分から漱石会のパーティーに近くのレストラン「フェリシア」に行く。この会は他県の漱石会の方々で、明日の漱石記念全国オープニング大会に出席するために来られていた。「鎌倉漱石の会」「和歌山漱石の会」「松山漱石の会」等の会員でほとんどがご婦人だ。地震があったので予定の三分の一の人数だと言われる。お昼は阿蘇に行かれたとのこと。

五月一四日（土）晴れ　九時二〇分に朝礼、従業員に本の整理と値付けできるものは付けるように頼む。店は買い入れた本であふれている。昼食前に綺麗な新書等を買って長男が帰ってきた。昼食後、小野友道先生と作家の出久根さんが来られる。出久根さんから見舞金を頂く。帰り際に店内で家内と共に写真を撮る。四時からホテル日航熊本で行われる漱石記念の会に行く。熊本県立劇場館長の姜尚中さんの基調講演のあと六時三〇分まで小野先生と出久根さんと女優の中江有里さんの座談会。面白かった。四五分からパーティーに移る。家内も参加する。会が終わった後に、出久根さんと小野先生らと「カリガリ」に行く。

五月一五日（日）晴れ　六時半頃、揺れる。震度三とテレビに出る。一〇時前に店を開けるとすぐに、やっと一ヶ月ぶりに店を開いた蜂楽饅頭さんに行き、饅頭一〇個買って栗山社長さんに見舞いとお祝いを言う。壁もヒビが入っていたので貼り直したとのこと。午後、松山の新聞記者が取材に来られて応対する。友人の甲斐田治君夫婦が来て、住んでいたマンションが水が出ずに不自由し、ニュースカイホテルの裏手の家を借りて住んでいる、猫と一緒の住まいを探すのは大変だと言った。

五月一六日（月）雨　九時二〇分朝礼、店を開けるとすぐに県立美術館分館での季刊誌の編集委員会に行く。午後は一時三〇分に、定例の上通商栄会役員会を行う。二五日から行う震災復興売り出しについてのワゴンセールを行い、六月一日からは鶴屋さんを中心とした中心商店街全体の売出しを行うことになっているとの報告検討が済んだ後、各自の被災状況を聞いた。思いのほか被害を受けていることがわかった。夕方六時から熊本ホテルキャッスルで行われる上通振興会の懇親会に出席する。二次会に「万物」へ布田さんと大橋さんと行く。帰りに布田さん所有の下通のビルを見て欲しいと言うので、行くと裏側の側面が下から上まで剥離している。欠陥ビルではないか、隣のビルがないと倒れているだろう。立て直さないと店は出せないと言われた。

五月一七日（火）晴れ　定休日。　五時半ウォーキングに出る。外は肌寒い。岩根橋はまだ片側通行で工事は進んでいなかった。お城に行けないので、新町のＹＭＣＡから電車通りを真っ直ぐに料亭新茶屋に向かう途中、家によっては赤紙が貼られていた。料亭新茶屋は全体がブルーシートで覆われていて、塀も崩れていた。午前中は、庭の草取りをし、家内は三階の未だ片付いていない所を整理していた。午後は、昨日から一階と地下が再開している様子を見に鶴屋に行く。私は、家に戻り、入院している母の着替えを取りに帰る。途中、交差点でオペラ歌手の福嶋由記さんとすれ違う。福嶋さんは、五月一五日に「椿姫」の公演があるはずだったが、震災で取りやめとなっていた。富田先生に電話して『古写真に見る熊本城』を分けて欲しいと電話すると、「家は震災で被害を受けて、別の所に住んでいる、書庫に戻って持ってくる」との返事で、五時過ぎに、「発掘してきた」と持って来られた。盆景をやっている同級生の平島孝君から電話がある。「棚の上に置いていた大事な石が落ちて割れた、家も半壊している」と言う。

五月一八日（水）晴れ　定休日。　七時過ぎに店に降りて、中小企業庁長官と九州産業局最上部長にアーケード補修工事の件でメールを打つ。九時二〇分朝礼、店を開けると、中止した出版祝賀会をいつ行なうかと泉洋服店の泉冬星さんが相談に来た。ホテルの都合等聞いて一〇月一一日にすることにした。長男が宅買から帰ってきた。それにしても店は買った本で溢れている。神戸の後藤書店さんから神戸牛が送られてきた。門司の佐藤書店さんから組合に義援金五万円が送られてきた。昼食後、三時に約束していた熊日の高峰さんと飛松さんが明治二二年の震災の記録の本を見に来た。約一時間応接間にて、調べて帰られた。長男は沼山津の宅買から帰ってきた。あの地域は益城に隣接している地域だ。倒壊している家等被害がひどかったと言う。夕方、長官からメールの返事が来る。九州経済局にそのメールを転送すると、直ぐに電話が掛かってきた。もう少し具体的な予算が決まらないと勝手に工事は出来ないようだ。

五月一九日（木）晴れ　萩のお客さんから見舞いの電話がある。一日中、明日の市会の本を会場へ運ぶ為に長男が車に積み運ぶ。午後、組合会計の山下君が明日は来れないかもしれないと、会計鞄を持ってくる。彼の書庫は半壊して、入口も壊れているとのこと。六時から姉の会社の役員もしているので、その決算報告に近所の小料理屋に出掛ける。

五月二〇日（金）晴れ　今日は二〇日で市会の日だ。先月は震災直後で取り止めとしたので、今月は震災復興市という冠を付けての「二十日会」だ。八時頃に店を長男の運転で市場である「護国神社会館」に向かう。私の荷は昨日持ち込んでいたので、会場の設営をする。設営が終わる頃に長崎から太郎舎さんとアール書店さんが、大量の荷を持って来た。道家さんが未開封の少女のフィギュア一〇体持ってきた。震災での預かりものという。西海洞さんもウブ荷（業界用語、お客様から買ったものをそのまま市場に出す荷）を大量に下ろす。会場は荷物で埋まった。一〇時になったので、市場を開始。弁当を昨日二五個頼んでいたが、来場者は三五人となっていたので急いで弁当の追加をする。発声していると、九州経済局からアーケード補修について電話がある。市場も大変盛り上がる。県外からの荷を午前中出し終える。弁当を配り、午後一時から再開し、熊本の荷を廻して、最後にフィギュアを廻し三時過ぎに終わる。出来高は一七〇万円であった。熊本の市としては久しぶりの出来高だった。私は面白そうな唐本一組と三池炭鉱の写真集を落札した。終わると見舞金を北九州市組合と鹿児島組合からと個人から四店舗より頂く。市会終了後、組合総会を開く。毎年行っていた研修旅行を中止と決める。

五月二一日（土）晴れ　朝刊に「メガネの大宝堂」の一面広告が出て、中央に布田さん親子が従業員と一緒に載っているのが目に入る。震災であった眼鏡を無料修繕するとある。午前中は東京古典会の出品のために、封筒を付けて明細書を書く。二〇点の出品となった。昨日見舞金を頂いた方にお礼状を書く。神戸の古書組合長の一本松さんから組合に見舞金を直接送ると電話がある。

五月二二日（日）晴れ　一〇時前店をあける。約束していた南坪井の天津さんの自宅へ本を見に徒歩で行く。自宅のブロック塀はなくなっていた。今は天津さんは一人住まいで、私の店の数軒先で戦後からオートクチュールの婦人服の販売をされていた方で、震災でこの家を売るとのこと。本は不揃いの「児童文学全集」と「世界の名著」だけで、車を取りに帰り、お金にはならないと思える書画の幅を二〇本程預かる。一二時前に、近くのマンションに本を取りに来て欲しいと歳を取られたご婦人が来られたので、マンションに行く。本は「アニマ」の雑誌が創刊号から揃っていそうだったが、お金は要らないから持って行って欲しいとのことだった。話をしながら全部を紐で括っていると、テーブルの下には医学書が縦って置いてあり、処分に困っていると言われるので持って帰ることにした。置いてあったリビングの隣の和室の畳が一箇所大きく傷ついている。二段重ねの和タンスの上の方が一回転して落ちた後だと、そこに寝ていたら大怪我をしかねないと思った。ご婦人は四月二八日まで、隣接している信愛女学院に避難していたという。大変親切で有難かったと言われた。六時から、母校の第二高校の復興支援大会の大同窓会が熊本ホテルキャッスルである。会では被災状況の説明を那須校長がスライドを示しながら説明された。教室も被災して全部の教室が使えず、午前午後と分けての授業だとのこと。

五月二三日（月）晴れ　五時一九分、小さく「ドン」と揺れた。今日は長男が東京に出張する日だ。七時過ぎに空港行きのバスで出かけた。朝から墓石を元に戻す見積もりがＦＡＸで来ていた。一五万円とある。少々高い思いがするが了承の電話をする。店を開けて約束していた清水万石に住むＯさん宅に行く。玄関に入ると「日本語大辞典二〇冊」が目に入る。整理していると秀島由己男の「静物考」の版画があった。一五年前に亡くなったご主人の本が壁いっぱいに古びて並んでいた。家に帰ると一一時半頃だった。「中心商店街連合協議会」（「中商協」と略す）が二時から下通の事務所であるので出掛ける。主な協議は、六月一日から行う「復興応援セール」の協議だった。急なイベントでセールの期間が一週間だったのが一ヶ月になっていたり、内容が変わっているので、問題が多い。四時に終わる。帰る途中で長崎書店で熊日発行の「熊本地震」の写真集を買う。六時三〇分からロータリークラブの会に熊本ホテルキャッスルに行く。今日の卓話は、クラブで支援している西里のホタル育成会の人だが、今年は、崖の上から地震で大きな石が落下し危険なので、見学を中止したとのことであった。

五月二四日（火）曇り　定休日。　昼食後、車で益城の松野国策先生の自宅に震災見舞いに家内と行く。益城に入ると道の両側の古い家やビルは潰れている。カーナビに入れている先生宅の住所に近づくと一層ひどい状態で、両側から大きな石が道をふさいでやっと車一台通れる道だった。しかし、全てが崩れていて先生の自宅が解らない。そのまま、公民館に車を置いて先生宅と思われる所へ徒歩で行く。道端に倒れている「松野書道教室」の看板を見つけて、その奥に入ると誰か居るらしい。先生の長男さんだった。学生の頃、私の店に先生とよく来ていたこと。先生は福岡に避難されていると携帯電話をかけて渡された。先生に見舞いを言う。潰れた家の前には、濡れた本が積み上げてある。長男の方が言われるには、先生は本のことを心配されているとのこと。長男さんは市役所の近くで焼鳥屋をしていると名刺をくれた。見舞金と朝鮮飴を渡すと、今朝取った庭の梅だと網一杯渡される。それを抱えて、市役所まで近道だと教えてくれたお寺の横の細い道を行くと、墓石は殆ど倒れたままで、鉄筋で建てられたお寺も無残に柱は折れて潰れて、祭壇が外に飛び出していた。公民館に戻り、同じ益城に住む家内が教鞭を取っていた短大の先生の奥さんの所へ行く。すぐ近くだった。最近建築の家だったが留守のようだ。その時、隣の住人が車で来られたので、聞けば携帯電話で連絡をしてくれた。隣の家はどうもなさそうだが、中は散乱して壁も落ちて住める状態ではないと言われた。先生の奥さんは短大の近くのマンションに避難されているとのことで、そこへ向かう。私は近くのコンビニで待つことにした。二〇分程して帰って来た。家内が言うには、先生の家も昨日、全壊の査定がされたとのこと。外見はどうもなさそうだが、全く住めない状態だそうだ。

五月二五日（水）雨のち晴れ　店を開けると、震災以来、歩道の至る所に放置されていたテレビ、洗濯機、冷蔵庫類が全部撤去されていた。県立美術館分館に出かける。二時から「美術館友の会」の会議を始める。店に帰る途中、今日から二週間行われる上通のワゴンセールを見て回る。店に帰ると仙台のお客さんが、地元のお菓子や食材を袋一杯持ってこられた。東北の震災の時の話をして帰られた。現金書留で長崎組合と佐賀組合から組合に見舞金が届く。四時過ぎに、グッドハートという昨年末に裏の家の瓦の吹き替えをお願いした工務店さんが大工さんを連れて来られた。裏の傾いた家の修復を見てもらうように頼んでいた。「このような修復工事は実際やってみないと、見積もりは取れない」と言われた。

五月二六日（木）曇り　震災後の街に対する補助金事業について具体的な内容がきたと、上通の事務所から連絡がある。各番街の理事長に打診するように指示する。地元の橋本理事長にも説明会に行くように言うと一〇名と制限があるというので、商工会議所に電話を入れる。隣りの浅井ビルのひび割れを修理するので、裏庭に梯子を掛けさせて貰いたいと建吉組の方が来られる。大橋時計店の大橋社長さんが、神戸の六甲本町商店街から二万円の見舞金が送られてきたと持って来られた。郵便で、福岡市古書組合と兵庫県古書組合から組合に見舞金が送られてきた。また、東京の稲垣書店さんから見舞いの葉書が届く。約束していた熊本市経済観光局産業部長の境信良さんが現在の商店街の消費動向や商店街の売り上げ等を聞いてきた。六時から街中工房で会議があり出掛ける。やはり今の商店街の消費動向を聞かれる。その後、熊本駅ビルの構想についてＪＲ九州の開発部長の中村勇さんの話が一時間程あった。どのくらいのテナントが入るかと質問すると二〇〇店舗と言う。上通の店舗数に匹敵する規模。

五月二七日（金）曇りのち晴れ　店を開けると二階に上がり見舞金の領収書を書いて、住所を調べて切手を貼る。六月一日からの中心商店街の復興バザールで店内の本を二割引するので、県内のお客さんに知らせるために葉書五〇〇枚をチケットショップに買いに行く。従業員の上原さんに、先日買った雑誌「アニマ」がそのまま放置されているので、調べるように指示する。三時頃に竹下税理士さんが、三月までの一年間の決算を持ってきた。不思議な程に前年度の売り上げとほぼ同じ金額になっている。

五月二八日（土）朝から雨のち曇り　今日は姪の結婚式

で、臨時休業とした。この結婚式も地震でホテルが甚大な被災に遭っているので挙式ができるのか心配していたのだった。二時三〇分からの挙式でホテルへ行く。六時過ぎに終わって、長男は、明日行われる大阪古典会の大市のため七時の新幹線で大阪に向かった。

五月二九日（日）雨　四時起床、俳誌「阿蘇」を読む。一〇時店を開けると、店の前に止まっていた車から降りてきて本を持ってきたと言われる。「近世日本国民史」が半分ほどと熊本の郷土史が少しであった。三〇〇〇円で買う。後で、買入帖を見て家内から、南阿蘇から持って来られていると聞く。

五月三〇日（月）晴れ　店を開けると長男は宅買いに出かけた。倉庫の一番奥がまだ震災後そのままとなっているのを片付け始める。二時五〇分に久しぶりに「ドン」と地震がある。四時頃、県立美術館友の会の森本さんが来る。マンションを借りられたとのことで喜んでおられた。犬を二匹飼っていたのでなかなか新たな住まいが見つからなかったが、そのマンションのオーナーが犬好きだったので、犬と一緒に住んでいいとのことで、涙が出るくらい嬉しかったと言われた。この一ヶ月半は兄の家で一緒に暮らしていて、居づらかったとのことであった。今までのアパートからは危険で電化製品は何一つ持ち出せないので、新たに買ったとのことであった。

五月三一日（火）晴れ　定休日。　六時からウォーキングに出る。いつものコースから新町の下職人町の問屋街を歩く。潰れている店が一軒あった。毒消丸の店も相当傷んでいた。今は誰も住んでいない上職人町の母の実家の状況を見に行った。「要注意」の黄色い貼紙があった。奥の家の瓦も少し落ちているようだった。そこから溝口表具店の前を通ると隣りの「ホテル古城」は廃業の看板が手書きで立てられていた。朝刊の中心商店街の売り出しの広告を確認する。朝食後に裏の座敷を掃除する。和本等も整理してそのままとなっている。畳を雑巾で拭くと真っ黒となった。

一斉に復興セール開始

六月一日（水）曇りのち晴れ　七時一六分、小さな地震がある。前のビルの二階のガラスをはめる工事をしていた。数軒先の店もシャターを開けて工事をしていた。古い木造の家だがそのまま修復するようだ。今日から六日まで中心商店街の復興セールで、店も二割引とする。鶴屋さんも今日から全館オープンで、これで中心部の復興はほぼ終わったと言えるだろう。一〇時三〇分から県立美術館分館で季刊誌の打ち合わせをする。二時から、七日に来られる石原伸晃大臣の視察の動線を確認に九州経済産業局の早田功氏が来られて話し合う。長男は健軍の病院が解体されるので、本を見に行っていた。結構良い美術書があると夕方帰ってきた。明日、午前中二人で行くことにする。

六月二日（木）晴れ　開店後直ぐに、長男と二人で、健軍の整形外科病院に本を取りに行く。大きくて重たい本が多いためレンタカーを借りて二台で向かった。着くと、なるほど病院は大きく傷ついていた。先生は奥の空地にプレハブを建てて診療をされていた。四階に階段で上がると応接間にひとかたまりの本が積んであった。部屋内は地震で散乱したままだ。屋上に書庫を作って置いてあるということで上がると、立派なルーブル等の美術全集類が書棚に並んでいた。まず、この全集類を四階のエレベーター前に下ろす。エレベーターは動いているが人は乗れないという。五時半から、急な「中商協」の会議の招集があり、下通事務所に行く。売出しに伴う義援金の徴収方法と義援金先と、その時期についての話であった。

六月三日（金）晴れ　今朝は京町の往生院までなおった墓を見に行き、花を買って供えた。八百屋の隣の大きなマンションは一階の駐車スペースが潰れて、よく見ると何台もの車が押しつぶされていた。八時前後に二度少し大きな地震があった。数日前に持ち込まれたK先生の本の持ち込みがまたあった。沼津の自游書院の若月さんから干物が沢山送られてきた。東京の青裳堂書店さんから継続の書誌学大系「類聚名家書簡首扁図版」一冊が送られて震災見舞で進呈すると添え書きがあった。四時から従業員の上原さんは半壊したアパートの説明会があるとのことで、三時半に早退した。五時に県立美術館の山田学芸員が明治二二年の時発行された震災記録等三点を購入したいと写真を撮りに来られた。閉店前に、長男は本を車一杯持ち帰る。

六月四日（土）雨　八時一五分小さな地震がある。お昼前に七日に来られる石原大臣のぶら下がりと言われるボードを設置できるか富永事業委員長と相談し、面木さんの店にボードを保管することで話は決まった。夕方、大阪組合から組合に見舞金が届く。

六月五日（日）曇り　新聞を読んでいると六時二分、グラッとくる。震度三とテレビに出た。ロータリークラブの大先輩十時会員より、「今日娘が東京から帰って来ているので本を取りに来て欲しい」と電話がある。「少女フレンド」というような漫画雑誌が主である。市場では高くなる本だ。店を開けて長男が取りに行く。

六月六日（月）晴れ　岩永組に裏の家を再度見に来て欲しいと電話する。従業員の上原さんに、住んでいるアパートの建物はどうなるか聞いたら、来年初めに解体すると言う。一時三〇分から理事長会議を行う。中心商店街の売出しの売り上げの一部を県に義援金として寄付することになっていたので、そのお金をどうするか審議する。事務局長は商栄会の予算から二〇万円位は出せるという。理事全員承諾する。

六月七日（火）曇り　定休日。　三時に、ホテル日航熊本の玄関で石原伸晃大臣到着を上通のハッピを着て待っていると、ベージュ色のワゴン車が到着して、大臣が降りてこられた。大臣も上通のハッピを着ていただいて上通に向かう。「大阪で石原慎太郎さんの秘書をしていた河島公夫の甥です」と名乗ると「おお、河島さんの甥か」と言われ握手を求められた。その後、上通を案内するが、報道陣の多さと、それに誰が来るのかと話題になっているのだろう、上通は通られない程の人で溢れていた。大臣も握手をされ始める。急ぎ蜂楽饅頭さんの店まで案内する。大臣が店に入り、一つ食べられた。その後、長崎書店さんで熊日発行の『熊本大震災』の本を買われ、メッセージボードの前で、インタビューに応じられた。二〇分に上通を離れる予定が三〇分になっていた。

六月八日（水）晴れ　一〇時三〇分から町内の自治会の総会前の役員会に出る。お昼前に長男が帰って来た。書道関係の本だった。三万円余りを支払ったとのこと。また、「大漢和辞典」が入荷した。五時半から熊本ホテルキャッスルで文化懇話会の総会、懇親会があるので出かける。

六月九日（木）曇りのち雨のち晴れ　町内の橋本理事長が来て、東京の町田市に住む兄の友達の太田黒という人から復興支援のため町田で展示即売会をやらないかとの話が来ていると言う。大変難しいことだと話だけ聞く。お昼過ぎに再び、橋本理事長が来て、今度は、青森のねぶた祭りを熊本に持ってくる話があると言う。町内の外崎玄さんが青森出身だからだ。しかし、熊本でねぶたを出せる道路がないし、跳人（はねと＝跳ね踊る人）も百人はいるだろう、太鼓も一〇台はいるだろう。

六月一〇日（金）晴れ　五時三〇分からウォーキングで唐人町を歩く。朝早いのに古い木造の家の解体がされていた。一一時半に延岡の商店街から上通に義援金を持ってこられるとの事で、事務所に行く。武本前上通商栄会会長と一緒に延岡市商店街連合会会長とサンロード栄町商店街会長が来られた。三〇万円の義援金を頂いた。午後は目録の原稿を二階で打つ。三時頃に中央会の園田さんから電話がある。被災した建物をグループを作って再建すると四分の三補助金が出ると言う。四時頃畠山さんが三階と屋上を見せると言うので行く。やはり随分とビル全体に亀裂が入っている。ビルの側面には屋上から下にブルーシートが下がっていた。雨漏りの心配があるからとのことであった。

六月一一日（土）晴れ　昼食後、以前から言われていた本の整理に寺原のTさんの家に行く。震災前に本の整理をしていて、その後、居間にある本の整理も頼まれていたが、今日になってしまった。夕方五時頃に、東京より来られた「全国商店街支援センター」の釼持さんという女性の方と写真家の喜多英明さんの二人が挨拶に来られた。商店街の復興バザールの取材に来たとのことであった。

六月一二日（日）朝から雨　午前中は棚卸をする。三時からラフカディオ・ハーンの「八雲会」の総会が近くのガーデンパーティーで行われる。三時前に広島の八雲会の風呂先生が来店された。先生と一緒に会場へ行く。西忠温先生の講演があり、懇親会となった。

六月一三日（月）雨　午後から古い雑誌を整理する。「セルパン」一年分と「探偵雑誌ぷろふいる」昭和九年から三年分程のもので、「セルパン」の表紙は海老原喜之助で熊本では売れる雑誌だ。「ぷろふいる」も珍しい。毎日、本を引き取って欲しいとお客さんが来られる。地震の影響だろう、できるだけ応じるようにする。東京で下宿していた久野木さんから見舞いの電話があった。公夫叔父さんからお礼の葉書が届く。夕方、

六月一四日（火）晴れ　定休日。　早朝五時半にウォーキングに子飼方面に出かけた。通り中央手前の角の木造の家が完全に倒壊していた。中央のスーパーマルショク

は閉店と聞いていたが、見ると完全に厚いシートで覆われていた。帰りは、子飼橋を渡り新屋敷を通って帰った。この町は殆ど、ブロック塀は倒壊していなかった。午後、蔦屋書店がリニューアルオープンしたとあったので覗く。

六月一五日（水）晴れ　ニュースカイホテルである「グループ補助金制度」の説明会を商店街の仲間と聞きに行く。一二時半頃着いたが、八〇〇名入る会場は満席だった。一時から約一時間説明があったが、詳しいことは分からなかった。石原伸晃大臣から礼状が届く。

六月一六日（木）雨　一〇時に熊本市長に陳情するために市役所に行く。熊本市中心部の商店街の会長が揃って、市が例年行っている「火の国祭り」や「お城まつり」「熊本城マラソン」を実施するよう会の代表者の下通の松永君が読み上げ、「熊本城復興支援募金」の募金を手渡した。店に戻ると、二〇日に行われる熊本県商店街振興組合連合会（県振連と略）の総会の後に行われるグループ補助金の説明会があるというので、山田会長に上通の人達も聞けるように電話で承諾を得て、文章を作成し、メールで事務所に流して全町に配るように指示する。古書組合の東京組合の山田会長より電話があり、全国古書籍商連合会（全古連）で集まった義援金を熊本組合に送ったと電話があった。その後、郵便が届き各県からの明細書がついて義援金は二六六万一七二五円と書かれていた。今までのと合わせると三〇〇万円を超える。

六月一七日（金）晴れ　一時に昼食をとっていると、明治二二年発行の『熊本大震災』の本を見たいと市役所の植木さんという方が来られた。買いたいとのことであったが、先約があると断った。綜合企画の社長さんと社員の緒方さんが広告会社の全国大会で上通の演劇が大賞になったと「金のドラえもん」の像を　持ってこられた。

六月一八日（土）晴れ　五時起床、朝刊に弊店で売って欲しいと一〇〇部引き受けている京都の竹内力雄先生の『洋学校の学生のノート』を出版したことが載っていた。九時二〇分朝礼をして、直ぐに約束していた新町のKさんの本の整理に長男と行く。約五〇〇冊はあった。積み残しは午後に取りに来ると言って帰る。夜九時前に久しぶりに少し大きな地震があった。テレビに震度四と出た。孫の史悠が泣き出した。一歳半の孫でも地震の怖さが沁みているのに驚いた。

六月一九日（日）朝から豪雨　日曜日だから一〇時に店を開ける。長男は、二十日会の荷物を会場に運ぶ。夕方、友人の田中一則君が来る。「自宅は最初一部損壊だったが、審査やり直しを申請して、半壊になった」と言う。見舞金をもらえるとのこと。車が、落ちてきた屋根瓦で損傷し修理に出したと言う。

六月二〇日（月）雨　二十日会で、七時四〇分に店を出て会場の護国神社に向かう。普通一〇分で着くところが、雨で四〇分もかかってしまった。佐賀の西海洞さんの二㌧トラックに満載した本を　皆で下ろす。足の踏み場もない程の量であった。広島さんの荷も大型トラックで持ち込まれる。一〇時二〇分に開始した。会が終わったのは二時だった。その後、四時三〇分から熊本ホテルキャッスルで行われるグループ補助金の説明会に出かける。思ったより大変な申請だ。

六月二一日（火）曇り　定休日。　九時過ぎに熊本県立美術館に、季刊誌を取りに震災後初めて車で行く。壺渓塾の前を通り京町に上がり、新堀橋を渡ると加藤神社には行けるようになっていた。段ボール三箱積んで帰る途中、加藤神社に行く。神社の裏の土塀が大きな樹木と一緒に地滑りを起こしていた。市中心部の売り出しセールでの義援金二〇万円を送っていいかとのことであった。グループ補助金を上通商栄会で受けて事務は各振興組合で行うことを相談する。

六月二二日（水）雨　九時二〇分朝礼、和本の棚卸に当たる。一時半過ぎに肥後銀行上通支店長さんが、グループ補助金のことで聞きに来る。逆に色々教わる。中央会の園田さんに何度か補助金のことで電話して訊ねる。

六月二三日（木）晴れ　一一時から町内の理事長と相談役を集めてグループ補助金の取り扱いについての会議をする。武本前会長の友人である東税理士事務所に頼むことになった。グループ補助金の制度を利用しようと思う店だけ申し込みのアンケートを取り、三〇日に説明会を開くことになった。三時に街の復興を見に来ると中小企業庁の高島竜祐経営支援部長と九州経済産業局の中原産業部次長と今村復興推進室長の三名が来られた。三〇分ほど上通を案内する。

六月二四日（金）曇り一時強い雨　家内は朝の四時頃から二階の事務室で申告の最終事務のチェックをしていた

ようだ。震災で、本来五月末まで出すのを延長できたので、一ヶ月遅れての申告となった。長男は朝食も食べず博多の市に出かける。夕方四時頃にグループ補助金の事務をお願いすることになった東税理士事務所の東宗聡氏と稲田大志氏の二人と話し合う。割と良い条件でやって頂けそうだ。

六月二五日（土）雨　長男は今日も午前中、宅買いに行く。私はネット注文を探す。長男が帰ってきた。段ボールに入ったままで、一五箱下ろして、直ぐにまた取りに行く。帰ってくる間に箱を開けて整理する。韓国や中国に関した本や日本の古代、中世史の固い本もあった。地震で落ちた本をただ積み込んだ様子だ。

六月二六日（日）晴れ　熊本県立第一高校のＰＴＡ会長をしていた時の先生の所へ本を買いに行く。一〇時三〇分に着いて、本が置いてある部屋に入ると、足の踏み場がないように積まれている。整理していると蘆花と愛子の手紙と井上毅の書簡があった。和本も少しあった。午後二時からある脚本家山田太一さんの「ハーンのことなど」の講演会がパレアであるので聞きに行く。

六月二七日（月）曇りのち雨　午前中、長男は宅買に出かけていた。毎日毎日、宅買で倉庫には置くところがなく店も床から積んだ状態で、整理が追いつかない。そんな中に、お昼前に段ボール六箱の持ち込みがある。綺麗な吉川弘文館の本や郷土史の本類であった。

六月二八日（火）雨　定休日。　九時過ぎに店に下りて、組合員に全国から送られてきた義援金の配当で、アンケートを作ってメールで配信する。配当に苦情が出ないようにしなければならない。午後、雨がひどくて、アーケード内を見て回った。結構雨漏りしているところが多い。

六月二九日（水）雨　午前中は、目録に載せる梅崎春生の奥さん志津さんの書翰類を読み整理する。昼食後も他の書翰を整理する。蘆花の手紙は大正一四年の六月と判明する。東税理士事務所に明日の説明会でのグループ補助金の手数料について電話で何度も打ち合わせる。六時前に街中工房で、街の復興状況の座談会に出る。下通のテナントで撤退している店が多いのには驚いた。

六月三〇日（木）雨　一〇時過ぎに町の事務所に行く。

今日のグループ補助金の説明会にどこの店が申し込んでいるかを確認していると、中央会の園田さんが来る。一時から大谷楽器店で行われるグループ補助金の説明会に出掛ける。出席者は約七〇人で一杯になっていた。中小機構九州の復興支援アドバイザーの横尾徳仁氏が、宮城県の実例を上げながら約一時間半話された。一〇分の休憩のあとで、質疑応答をして、東税理士事務所から注意事項と経費等の話をされた。帰り際に長崎書店さんから、岐阜県高山市の商店街連合会の長瀬哲理事長から一〇万円の義援金を頂いたと渡された。会場を出て一旦店に戻り、資料を置いて、下通事務所で行われる「中商協」の会議に急ぎ足で出掛ける。この日は、総会もあって、終わったのが六時半だった。急ぎ足で店に戻り、資料を置いて、七時からの栄通りである懇親会に向かう。

グループ補助金制度を導入

七月一日（金）晴れ　九時二〇分朝礼し、昨日行われたグループ補助金制度の文章を作り、事務所にメールで送る。午前中、同業者一五店舗から見舞金を頂いたお礼に、熊日出版の新聞の縮刷版と香梅の「陣太鼓」を送る準備をする。二時に商工中金の営業の方がグループ補助金の取り扱いについて、宮城県等の実地されたところから情報を寄せることができるかもしれないと来られる。その後、東税理士から、昨日の説明会からの反省として、他の税理士を使って書類作成されても構わないと来られる。七時からは上通一・二丁目の理事会が近くの中華料理店チャオリーで行われ、復興補助金で行うイベントについての説明と歳祝い会の説明がある。

七月二日（土）晴れ　今日は県立美術館友の会の総会が本館である。その前に会計監査があるので、家内は一一時半に出かける。私は、一二時半に出かける。一時から総会をする。私が司会をし、代表世話人の福田先生の挨拶と館長の挨拶があり、学芸員の自己紹介があったのち、総会となる。約三〇分で終わり、帰りに今日から始まった上通の竹の日フェスタを見て回った。

七月三日（日）曇り時々強い雨　父の祥月命日なので、仏壇をいつもより丁寧に掃除して花を上げる。床の掛軸も掛け替え座敷も掃除する。夕方、I氏が所有の詳しい本のリストを作って評価をしてくれと持ってこられた。すぐに断るのも悪いので受け取る。

七月四日（月）晴れ　五時に起床、店に降りて、数年前に作った水害の対策をパソコンの中から探す。今回のグループ補助金の資料に使うべく整理し直した。一時一五分頃に町の事務所に行き、グループ補助金の申込者がどのくらいあるか確かめる。約四〇社来ていた。二時になって理事会を開く。青年会より藤崎宮大祭の件で、出場を危ぶむ発言があり、再度持ち帰って青年会で審議するように言う。その後はグループ補助金の申し込み状況や手数料の変更等を言うと、再度、東税理士事務所からの話を聞かないと解らないとの意見があり、再度一三日午前一一時から聞くと決める。

七月五日（火）晴れ　定休日。　午後、市役所の経済観光課産業部商業金融課の福島課長を訪ねる。裏の家屋を書庫として罹災証明を取り直すためだ。後で、店に来るといわれた。しばらくすると課長が来られた。裏の家屋の傾きを調べられ室内の写真を撮り帰られた。その後、店でグループ補助金の書類作りをする。六時から古書組合の義援金配分の件で出掛ける。私が作った各店の罹災状況を参考に各店が四ランクのどこに当たるか、各人からアンケートをとり、最低を一〇万円として、五万円刻みで最高二五万円を見舞金として分けることにした。三一〇万円の見舞金の内、二五〇万円の配分となった。

七月六日（水）晴れ　一一時頃、北部土木センターから町内の歩道整備で来られた。店の前が空洞であることを告げる。午後、岩永組さんが裏の家の修復見積もりを持って来られた。私は五時から一三町内の自治会の総会があるので丸小ホテルに行く。総会は一時間で終わり懇親会となる。約二〇名の出席だった。

七月七日（木）晴れ　九時二〇分に朝礼、家内は婦人会の会議に出掛ける。午前中は店に放置してある郷土史の本を整理し値付けをする。午後、長男は宅買いに出掛ける。夕方六時過ぎにきらら文庫の橋本氏が来られて、今年一杯でまるぶん書店が半分の売り場面積になることを話に来られる。午後七時から大学の県人会の役員会に加藤神社所有のマンションに出掛ける。

七月八日（金）熊本雨、東京曇り　朝一番の飛行機で東京へ行く。神田の古書会館には一一時半頃に着く。一応、全部の出品を見る。一時頃友人の小谷津君が来る。昼食後、上野のホテルにチェックインするために古書会館を後にする。チェックインの後に、上野の東京国立博物館に半跏思惟像の展覧会を見に行く。韓国と日本の仏像が向き合わせで展示されていた。その後、イタリアで近年発見された伊東マンショの油絵を見る。五時に古書会館前で若月さんと沖縄の武石さんと待ち合わせる。

七月九日（土）　東京　雨のち曇り

一〇時半頃に会館に着く。その後、再び出品を見て回る。お昼前に長男が来る。欲しいものに札を入れた。四時に業者のみのプレミアム商品が開かれ、それらを見て回る。彩色の『質問本草』があった。それと、加藤清正の禁制文書があり松橋村宛であった。六時に大学の仲間が待つ渋谷へと向かう。この同窓会でスマホを紛失した。

七月一〇日（日）晴れ　七時過ぎ、家にホテルの電話を使って、昨夜スマホを紛失し夜遅くＮＴＴに機能差し止めを頼んだことなどで騒がせたことを詫びる。古書会館には九時半頃に着く。改めて四階から一通り見る。『質問本草』に一二八万円を入札し、『琉球土産』の写本に一〇万円を入札する。一時になり、四階でオークションの番号札と弁当が配られた。そのまま四時まで椅子に座って待つことにした。競りが始まる。暫くすると『加藤清正禁制文書』が競られる。結局七万円程で落札、あとは、昔噺の縮緬本一二冊を競りたいと、ずっと出てくるのを待っていたが帰りの時間まで出てこなかった。

七月一一日（月）雨のち曇り　九時になり、スマホを新たに購入の為に指定された所へ電話する。九時に朝礼。一日中本の整理に当たる。しかし、思うようには整理が進まない。六時になり、ロータリークラブに出かける。例会では、各委員会の所信表明だった。例会終了後に、「もっとも」で誕生祝い会を開く。誕生月にあたる会員は栗山さんだった。

七月一二日（火）曇り時々雨　定休日。　八時過ぎに墓に行き花を供える。一〇時過ぎに母の病院に家内と向かう。退院して老健施設「フォレスト熊本」に入るための手続きを済ませて「フォレスト熊本」を後にしたのが一一時半を過ぎていた。車で熊本学園大学の前の焼肉彩炉で昼食を済ませ、隣のスーパーで買い物をして一時半過ぎに店に帰る。家内は二時から献血ルームでの婦人会ボランティアの献血推進の勧誘に出かける。私は、明日からの盆で仏壇を掃除して盆提灯を飾る。

七月一三日（水）雨　朝八時に墓参りに長男と行く。一〇時半過ぎに大谷楽器店に行く。一一時から再度のグループ補助金の説明会を開く。より具体的な申告の説明がなされる。お昼過ぎに昨夜新しく送ってきたスマホを持ってドコモショップに行く。直ぐに初期化をして頂き、電話やスケジュールの記録も復活された。七時半から町内の会議室で、面木さんから三月に行かれたアメリカのポートランドの視察旅行の発表があった。

七月一四日（木）曇り　一〇時半に二階の移動棚が思うように動かないので金剛さんに頼んでいたのを見に来られた。入れ替わって熊日の記者の山口さんが来られた。熊本における震災後の書籍の処分が多いのではないかということで取材に来られた。二時過ぎに、熊本眼鏡店の嘉屋本氏が、グループ補助金の事で相談に来られる。未だ罹災証明も取れないでいるとのことで、熊本市の企業金融課の課長を紹介する。その後、四時にホテル日航熊本で行われる「熊本法人会」の総会に行く。

七月一五日（金）晴れ　長男は九時に本を買いに西原村に出かける。レンタカーを借りて行くと言う。橋本理事長が来て、藤崎宮大祭に出ると言う。店内の本の整理にあたる。二時過ぎに、旅行代理店の原口リカさんが、グループ補助金の件で相談に来る。町内の会員になれば参加できると伝える。「会員の手続きをする」と言って帰る。長男が五時半頃戻ってきた。今日は、お盆の一五日で六時半に店を閉めて、長男と家内と墓参りに行く。

七月一六日（土）曇り夕方から雨　九時になり、ランス美術館の展示初日で県立美術館に出かける。なかなか良い展示会であった。夕方から棚卸をする。雨が降り出す。棚卸をしていると中村汀女の色紙を全部店頭に飾ろうと思って、展示を替える。七時過ぎになって店を閉める。

七月一七日（日）雨のち晴れ　九時過ぎ店に降りる。裏の盆提灯を片付ける。一〇時開店。長男は、また本を買いに行く。店の本の整理をする。長男が一二時過ぎに帰って来た。行った先が、故河野龍巳先生の家だったとのこと。父が親しく治療を受けていた先生の所だった。

七月一八日（月、祝日）晴れ　祝日で一〇時開店。新たな本を入れ替える。一時に保険会社から裏の家を再び見に来た。熊本市が半壊の罹災証明を出したから、再度の調査を依頼したのだ。二時から町内の理事長会議を開く。藤崎宮大祭に青年会が出ると言うので、商栄会も全面的に協力する事を各町の理事長に承諾を得る。

七月一九日（火）晴れ　定休日。家内は、午前中、デパートに行って地震見舞いのお返しのお菓子を買いに行く。長男は一日中、明日の市場への出品の準備を店で行う。午後から裏庭の草刈りをする。

七月二〇日（水）晴れ　八時過ぎに二十日会の会場の護国神社会館に向かう。一〇時開始。福岡方面から八名程来会。一二時四〇分に終わる。金沢市から見舞金を持って来られるとのことで、会場を二時に出る。徒歩で、下通の事務所まで行くと下通の松永会長と新市街の安田会長が来る。武本君が金沢市商店街連盟の大友哲会長と中島祥博副会長を連れて来て、各商店街に一〇万円の見舞金を頂く。七時から上通一・二丁目の歳祝い会にメルパルクに行く。

七月二一日（木）晴れ　一時半頃に保険会社から電話があり、裏の家を半壊と認定したので、保険金を出し直すとのことであった。二時半頃、竹下税理士事務所より来られる。本来五月末までの申告が、震災で延びていて、この七月に申告することになったので、その申告の手続きをする。近くのマンションから本を引き取って欲しいと来られたので、徒歩で見に行く。長男が帰って来たので、そのマンションに本を取りに行くように言う。再び、店は本で埋まってしまう。

七月二二日（金）晴れ　午後二時から「中商協」の会議に下通の会議室に行く。三時頃終わる。東京より、全国商店街振興組合連合会（全振連）の雑誌の編集者が来て、各々、写真を撮られる。「ＥＧＡＯ」という商店街の雑誌に載せるとのことであった。四時頃店に戻る。家内が、「小規模事業者持続化補助金」のことを言う。それでは、申請してみようと急ぎ、インターネットでダウンロードをする。それから、商工会議所の田村さんに電話をかけて詳細を聞く。予算が余り残っていないという返事であった。しかし、出してみようと、書類の作成にあたる。閉店後、七時三〇分から、「マチゼミ」の講習会に上通の事務所に行く。講師は、愛知県岡崎市の松井洋一郎という「まちゼミ」を考案した人だった。岡崎市まちゼミの人達から三万二七〇〇円の義援金を町内に頂く。

七月二三日（土）晴れ　一〇時半から県立美術館の雑誌編集会議に分館に行く。一一時半には店に戻る。一時半頃、町内の芦田さんがグループ補助金のことを聞きに来る。お客さんが野球雑誌を尋ねに来られた。全部を見せると全部買うと言われる。五時半に城東小学校で夏祭りがあるというので、会長をしている立場もあって見に行くと、城東校区の知った人達と会う。話していると高校のクラスメートの永田在東君に声をかけられる。

七月二四日（日）晴れ　九時前に加藤神社に清正の命日で大祭があるので参列する。一〇時四〇分頃店に帰ると、広島の安田女子大学の吉良史明先生が来られていた。肥後国学者中島広足関係のものを見て行かれた。二時半に店に降りると、東京の祖師谷飲食店有志一同から現金書留で六万七二九八円送られてきた。午後、助成金の申告の書類を整えた。

七月　二五日（月）晴れ　九時二〇分朝礼、店を開ける。私は、直ぐに会社の証明を取りに九品寺の法務局に行く。四時に東税理士事務所からグループ補助金の申請について相談があると来る。トップページを書いて欲しいとのこと。作業が思いの外、大変だと言われる。六時に商工会議所の田村さんが書類を取りに来られる。私は、ロータリークラブの例会に行く。今日は、松本ガバナー補佐の訪問でクラブ協議会だ。

七月二六日（火）晴れ、定休日。　一時半、ロータリークラブの市域全体の会長監事会がニュースカイホテルであるので、電車で向かう。途中、商工会議所に寄って、補助金申請書の書類を貰って行く。一時間で終わる。その後、六時半からのロータリークラブの第三分区の会長監事会にメルパルクへ行く。

七月二七日（水）晴れ　一〇時前に竹下税理士事務所から電話があり、税務申告の書類にサイン捺印をして欲しいとのこと。竹下所長と一時間程話して帰って、「補助金申請」の書類を東京に送る。長男は昔のお客さんだったK先生宅に本を買いに行く。東税理士事務所から、個別面談をしたいということで、商栄会事務所に空きの状態を聞いて、八月一日、二日が空いてると返事をする。暫くして、事務局長より、被災した内壁の工事中で使えないと言う。急いで、大橋理事長に電話するが、止めることは無理だと言う、その時に同仁堂の五階の会議室を使ったらと助言を受けて上野社長さんに電話する。直ぐに担当の人がパンフレットを持ってきて説明を受ける。東税理士事務所に電話して、それでいいとなった。夜は七時から「よこばち」である「金魚句会」に初めて行く。

七月二八日（金）晴れ　九時二〇分朝礼、店を開けると長男は、宅買いに出かける。弊店の斜め前に以前あった金書堂さんが、店をやめるということで、残っている本を引き取って欲しいとのことだった。三時から熊本市中心部の活性化を目的とした泉冬星会長のグループ「すきたい熊本協議会」に行く。今日は肥後銀行水道町支店の会議室で下通に出来るNSビルの説明会であった。

七月二九日（金）晴れ、夕方雷を伴った夕立　一一時から県立美術館での寄贈図書を館に渡すのに季刊誌に載せるために贈呈式に行く。贈呈式が終わった後、開催されている子供達を対象にした参勤交代展と細川家の歴代藩主の書展を急いで見て帰る。二時前、製本会社の「ナカバヤシ」さんが来られる。四冊の本の製本を頼む。七時半から、私が集合をかけた藤崎宮大祭の会議に出掛ける。

七月三〇日（土）晴れ　九時二〇分に朝礼、家内は八時半頃、ゆかた祭りの着付けで事務所に行く。一一時四〇分頃、上通のびぷれす会場にゆかた祭りのオープニングに行く。隣りは熊本市長の大西さんで、この様な時にゆっくり話せるのがいい。一二時オープニングが始まる。私は、二〇分程で店に戻る。グループ補助金の申請の文面を打ち込む。

七月三一日（日）晴れ、夕方雷と夕立　五時半起床、グループ補助金のトップの文章を書く。午後から町内で行なわれている縁日の状況を見て回る。家内は夜七時からの婦人会のゆかた祭りで熊本ホテルキャッスルに行く。今日は、東京都知事選で、八時には小池さんが当確、その当確の速さに驚く。相撲で大横綱だったウルフこと、千代の富士が亡くなるニュースにまた驚く。

本の買い取り続く

八月一日（月）晴れ　今日八月一日は「川祭り」。水神さんにこの日は、素麺と干し魚を井戸と神棚に供える。昼食後に、野田三郎さんのお別れの会にホテル日航熊本に行く。六時三〇分から、悠里が卒業した第一高校の鶯宿会（歴代会長、副会長会）に出席する。目黒純一さんの熊本学園大学理事長就任と半藤英明先生の県立大学長就任の祝賀会だった。

八月二日（火）晴れ　定休日。　五時起床、長男は東京へ一番便で行く。グループ補助金の文章を打つ。家内は休みだが七時前に起きてくる。朝食をとって、グループ補助金のトップページを作る。一一時半頃に、家内と一緒に昼食を近見の「うな専」へ久しぶりにうなぎを食べに行く。

八月三日（水）晴れ　五時起床、グループ補助金の書類をほぼ書き上げる。七時朝食。八時に店に降りる。神仏を拝んで庭を掃く。今の時期は、ヘタ虫で青柿が毎日五から七個ほど落ちている。九時二〇分朝礼。一〇時前にお寺からお参りに来られた。グループ補助金の書類をメールで東税理士事務所に送る。夕方、渡辺京二先生が来店される。

八月四日（木）晴れ、夕立　一時昼食中に警察から電話があり、「五丁目に道路の陥没ができたので、車の通行を止める」と言うので、急いで見に行く。大谷楽器店とメガネの大宝堂の間の交差点が一メートル四方陥没して、車が通れないようにパトカーが止めてあった。このような所が上通に他にもありそうな気がした。午後も本の整理に当たる。

八月五日（金）晴れ、夕立　一二時からロータリークラブの四クラブ合同のガバナー公式訪問がある熊本ホテルキャッスルに行く。一度、店に帰って三時からの会長、監事に対する説明会のために再度行く。ガバナーが甘党だとのことで、蜂楽饅頭一二個持ってホテルに行く。四時前には終わる。七時三〇分に店を閉める。並木坂は、火の国祭りで通りの樹々をライトアップする。

八月六日（土）晴れ　四時半に寝苦しくて起きる。リオオリンピックの開会式を見る。夜八時過ぎに火の国祭りを見に行く。アーケード内では、青年会が生ビールとかき氷を販売していた。

八月七日（日）晴れ　六時前に起床。八時前に、「しらかわの日」で新屋敷の一画の緑地に行くと多くの団体が来ていた。ロータリークラブで五名の参加であった。ゴミ拾いをして九時半頃店に帰る。シャワーを浴びて一〇時に店に降りる。一〇時半から、県立美術館季刊誌発行の校正会議に出る。編集会議は一時間で終わる。

八月八日（月）晴れ　九時二〇分朝礼。長男はＩ先生の自宅に宅買に行く。一一時半頃戻ってきた。評価していないという。「世界陶磁全集二二冊」「日本農書全書三五冊」「明治農書全書一三冊」「農民一揆集成一五冊」等であった。四万円の評価。電話して承諾を得る。一時半に事務所に行き、商栄会理事会を行う。藤崎宮大祭に上通商栄会の全面的支援の元に出場することを言う。三時に終わる。六時にロータリークラブで熊本ホテルキャッスルに行く。今日は被災した熊本城の話を富田紘一先生にお願いしていた。

八月九日（火）晴れ　定休日。　九時半頃、母の所へ着替えを取りに行く。帰って昨日の理事会報告を店のパソコンで打つ。一一時半頃山本理髪店に行く。午後から食卓の上に積み重なった書類の整理をする。夜は六時半からロータリークラブの仙波さんが集合をかけての話し合いを「もっとも」でする。

八月一〇日（水）晴れ　午前中、植木に本を買いに行った。「竹崎順子」以外にはたいした本はなかった。七〇〇〇円払って帰る。一二時前であった。二時三〇分から熊本県商店街振興組合連合会（県振連）の会議に行く。全国の商店街からの義援金の分担の話し合いがあった。四時半に約束していた「熊本経済」の記者二人が来る。古本屋の状況と上通の被災状況等を聞きに来られた。七時に店を閉めて、第二高校のクラス会で「肥後亭」に行く。一三名の集まりだった。

八月一一日（木・祝日）晴れ、この日気温が日本一という三八・一度　八時半店に降りて、国旗を掲揚する。午後2時に明日の上通の劇を演出、出演している「不思議少年」の大迫旭洋さんが来る。明日の劇で流すビデオメッセージをスマホで撮って、これを編集して流すと言う。六時過ぎに上通青年会ＯＢ有志の集まり「天寿の会」に行く。

八月一二日（金）晴れ　夕方五時四五分に熊本市現代美術館のアートロフトに行く。この劇は、国の復興支援の一環でできたものである。劇団きららの演劇の前夜祭が行われ、開会に先立ち挨拶を頼まれていたからだ。その後、スクリーンに上通の人達が映し出されて、ナレーションが流れる。一時間の上映だった。その後、有斐学舎の集まりがある銀座通りの「オーデン」に遅れて行く。

八月一三日（土）晴れ　午前中は、本の整理に当たる。一時昼食をとって、高校の担任の故大久保先生宅に初盆でお参りに行く。道路は行きも帰りも空いていた。夕方、長野に嫁に行った従姉妹が子供を連れてきた。子供が恐竜が好きだそうで、セットで入荷していた本をあげる。

八月一四日（日）晴れ　一一時から上通劇場を見に行く。電波少年の三人の劇はなかなか面白かった。後半は、きんきらさんの一人トークとおてもやん他の民謡三曲三味線を弾いての歌を聞く。二時店に降りるとＮＨＫグラフを八〇冊程、売りに来られる。四〇〇〇円で購入する。夕方には、「近世日本国民史一〇〇冊」売りに来られる。

八月一五日（月）晴れ　一〇時過ぎに妙体寺町に本を買いに行く。新しい「福沢諭吉著作集一四冊」と「遠藤周作作品集一五冊」があった。一万五〇〇〇円払って一一時頃帰る。

八月一六日（火）晴れ　今日から三連休で、家内と黒川温泉に向かうために菊池まで来た。通常は大津からミルクロードを行くのだが、大変混むと聞いていたので、菊池経由で菊池スカイラインでミルクロードに出る予定でいたが、菊池スカイラインが通行止めと菊池の道の駅で知って慌てる。そこで地図を求め見ると、日田方面まで行って小国に行く道がある。その方向に向かうことにした。菊池スカイラインは通行止めという路上の看板を見ながら日田方面へ行く。上津江の道の駅でカーナビに宿泊する予定の旅館の名前を入れ、それからは、カーナビに従って行く。小国に入ると直ぐに坂本善三美術館の横を過ぎていく。途中、夫婦滝を通り過ぎると家内が寄ってみようと言うので、Ｕターンして駐車場に入れる。そこから沢に降りる鉄製の階段があり、長い階段を降りると左右からドウドウと大きな滝が目に入る。立派な滝であった。そこからすぐの所に「七滝」も良い滝だということで、山中を走る。一〇分もすれば駐車場に着いた。山を削りとるような滝があった。程なく予約していた「優彩」のホテルに着く。四時半頃だった。直ぐに風呂に入り六時半に夕食を摂る。部屋ではオリンピックを見ていると眠くなり、寝てしまう。ハッと起きると一〇時を過ぎていた。このホテルに泊まった訳は、屋上に大きな天体望遠鏡で夏の星と、天の川を見るためだったが、屋上に上がると空は星一つも見えない曇り空だった。

八月一七日（水）晴れ　一〇時過ぎホテルを後にして、地震で倒壊した阿蘇神社に向かう。一一時頃着く。参拝客が多いのに驚いた。駐車場が満車で第三駐車場に置く。社殿に拝みに行くと、社務所に阿蘇宮司の顔が見えたので挨拶をする。それにしても悲惨な状態であるのを目の当たりにする。阿蘇宮司曰く、一〇年はかかるだろうとのことであった。その後、昼食を有斐学舎の先輩が数年前に店を出した「阿蘇の風」の蕎麦屋に行く。

八月一八日（木）晴れ　八時から秀岳館が出場する夏の

高校野球を見る。一〇時過ぎ、九回表に三点の追加点を入れ勝ちが決まったので、市役所に東税理士事務所に言われた納税証明を取りに行き、上通郵便局より送る。夕方、八代のあづさ書店の竹田さんから、ブレーキが利かずにえびの高原で崖から落ちて背骨を折り、ドクターヘリで運ばれて鹿児島の徳州会病院に入院していると電話がある。

八月一九日（金）晴れ　九時二〇分朝礼、店を開けて、県立美術館に本を届ける。帰るとお菓子の香梅から、九月に行われる「夏目漱石」の劇のポスターと前売券を持って来られていた。二時から行われる「中商協」の会議に下通事務所に行く。三時半に帰宅する。長男は久保田先生の本の買取に出かけていた。

八月二〇日（土）晴れ　八時半に護国神社会館に長男の運転で向かう。後ろには昨日の本が積んだままになっている。殆どドイツ語の洋書だ。これを二十日会に出す。一〇時市場を始める前に新入会員の菅原龍人君屋号「たけしま文庫」の承認を組合員にはかり承認を得る。一一時半には終わった。二時半に約束していた弦書房の小野静男さんが来られる。震災に関する本を出したいとのことであった。約束していた出水二丁目の佐々さんの家に本を取りに行く。佐々さんは、西南戦争時の熊本隊の幹部で済々黌をつくった佐々友房の子孫で、この家で友房は生まれて、西南戦争に参戦したと言われる。「アサヒカメラ」が庭のブルーシートに山と積まれていた本を全部積む。終わって、裏庭の先に流れている水前寺からの川縁に立つ。透き通った水が涼を誘う。周りには、数十匹のトンボが宙に浮いている。五時半頃に店に戻る。

八月二一日（日）晴れ、夕立　一〇時前に開店する。昨日の二十日会で買った本等の整理に当たる。長男は二時に健軍まで本を買いに行く。夕立のなか六時頃帰ってきた。県で農業政策に当たっていた人だそうだ。天草出身で、その関係の本を二百冊程持ち帰った。全部で四万円払ったが、もっと高く思われていたと言う。今は随分本が安くなって買うのも大変だ。

八月二二日（月）晴れ　店を開けて、昨日長男が買ってきた本をジャンルに分けて整理する。天草関係が多い。数日前に言われていた、南坪井のお宅へ徒歩で本を見に行く。「肥後国誌」や「肥後文献叢書」等の基本図書があるが、昨今売れない。一万五〇〇〇円と評価した。東税理士事務所の稲田さんから電話があり、納税証明が市税でなく県税とのこと、直ぐに証明を取りに行き郵送する。二時半に市役所の経済観光局の山田課長さんと辻山主幹さんが来られ、ファッションタウンの会議があるので出席してほしいとのこと。

八月二三日（火）晴れ　定休日。　九時半過ぎに、鹿児島で入院している同業者の竹田氏を見舞うために出かけて、一〇時半程の新幹線で鹿児島に向かう。一一時半過ぎに着く。見舞いには早いので、天文館の賑わいを見に行く。通りは思ったより通行人は多かったが山形屋は閑散としていた。その後、竹田さんを見舞う。背骨を圧迫骨折しているとのことで寝返りも出来ない様だった。一〇分程話して帰る。熊本には三時半頃着いた。

八月二四日（水）晴れ　午後二時からの熊本市が企画運営する「まちなかコレクション」という街中でファッションコンテストをする企画会議に行く。一時間程で終わる。東税理士事務所の稲田さんから電話があり、結局申請は二九軒になった。今週が締め切りだ。

八月二五日（木）晴れ　午後三時から花畑のＮＴＴビルに会議場を移した泉さん主催の「すきたい熊本協議会」に行く。上山圭司ＮＴＴ支店長の震災でのＮＴＴの対応の話があった。四時過ぎに店に戻ると今から店造り支援センターの方が来られるという。

八月二六日（金）晴れ　東税理士事務所の稲田さんに捺印の印を押し直すと言っていたので、三時半過ぎに水前寺の事務所に行く。グループ補助金は今日が締め切り日だ。まだ最後の計算が終わっていない。計算を眼の前でして、署名捺印する。総額約六億五千万円だ。全部で四部作成されていた。四時過ぎに書類を県庁に持って出かけられた。

八月二七日（土）晴れ　昼、長女の悠里一家が来る。悠里は店の仕事があり、主人が熊本市現代美術館の展覧会に子供を連れて行く。悠里達は、今晩は次女の千春のマンションに呼ばれているとのこと、主人の両親が来ているからだ。家内も店を閉めていくという。私は、六時過ぎに新入会員の店「たけしま文庫」に行く。七時から近くの「鶴重」に組合主催の歓迎会に行く。全部で一三名の参加であった。九時過ぎに帰る。

八月二八日（日）曇りのち時々雨　午後七時から祭りの「決起集会」に山本屋に行く。約五〇名の出席であった。

祭りは町全体で応援すべきと、各振興組合の役員にも声をかけていた。初めてのやり方で、来年はもっとしっかりした決起集会にしていきたい。

八月二九日（月）時々雨　一一時半に鶴屋で行われている「原泉吟社自詠詩書展」を見に行く。今日が最終日だ。岩田先生に弊店の所持している昔の漢詩の書幅を三幅貸しているので、それを見に行く。昼食後、俳句を投稿する。上手くできない。東税理士事務所の稲田氏が、グループ補助金の書類に間違いがあったと印をもらいに来た。

八月三〇日（火）晴れ　定休日だが、名古屋から来たという大学の先生が本を見たいと来られた。長男は、廃棄する「アサヒカメラ」等の本を車に積むので、私が先生の相手をする。昨日、古町で講演したとのこと、熊本の町割りの本がないかと言われる。熊本市史の別巻の地図編を勧める。他に「熊本絵図」等を買われた。一一時になった。家内が今から山鹿に行こうと言う。一時半から山鹿の八千代座である桂歌丸師匠の落語を聞きに行くのだ。山鹿灯籠の最中を買って、八千代座に入る。二階席の角席で心配していたが、混んでいず、一階の升席で見るより良かった。前座と小遊三さんの落語があり、小休憩があり、この時、買った最中を食べる。その後、円楽さんの落語の後、歌丸師匠の落語があった。

八月三一日（水）晴れ　震度五の地震　お昼過ぎにお客さんで本を処分したいとリストを持って来られる。半端な量ではない事がわかる。大きなライトバン一杯以上ありそうだ。長男と相談して伺うと返事する。お客さんの家も被災して取り壊さなければならないので、今まで買った本を新たな家に置くところがないとの事。夜は、7時から金魚句会があるので、「よこばち」に行く。会をしていた時に、地震がある。震度五弱だそうだ。久しぶりの揺れに、皆少し緊張する。九時に終わり、上通を見て回る。外壁のタイルが一部落ちたとの情報があったからだ。それも片付けられていて、他の被害はなさそうだった。

藤崎宮大祭に飾馬で参加

九月一日（木）曇り　震度四の地震　五時半起床。日記を打っていると、六時半頃、地震がある。テレビで震度四と出た。やっとおさまってきたと思っていた地震にうんざりである。夕方五時頃、友人の田中君が立ち寄る。彼は崇城大学の受験生獲得のための仕事をしている。

「こうも地震が続くと県外の受験生が減るのでは」と心配していた。

九月二日（金）曇り　一〇時から県立美術館での季刊紙の送付のボランティアに行く。世話人の七、八人が来ていた。作業は一時間ばかりで終わる。帰りに、二の丸で、青森の「ねぶた」を持ってきて組み立てているのを見に行く。主謀者の外崎玄さんと会う。彼は、青森の人だが、上通の靴屋「征屋」（今はＹＭＣＡに貸している）の娘と結婚して、青森と熊本を行ったり来たりして生活している。熊本地震で被災している人達を勇気づけたいとの思いで、青森から運んで来たのだ。

九月三日（土）曇り　三時過ぎに國學院大学の県人会総会に出席のためホテルに行く。四時より総会開始、懇親会が終わったのが七時過ぎであった。東京から来られた坂口理事長は、明日台風が来るので今日の最終便で帰られた。ホテルの外では、棒庵坂を登って「ねぶた」を見に行く人でいつになく多くの人が二の丸に向かっていた。

九月四日（日）曇り　台風一二号接近　台風が来ているので、従業員は休ませる。家内と長男とで店を開ける。

午前中に東都大学の役員会で顔を合わせていた日赤の清田さんが書画類を一〇幅程、持ってこられた。鉄翁等の書画類四幅を二万円で購入する。昨今、書画類は売れない。ノロノロと九州の東側を北上している台風は、思ったより熊本に影響なく、暴風雨とはならなかった。

九月五日（月）晴れ　九時二〇分に朝礼、ネット注文を探す。東京古典会に出品する品物を一一点選び長男に渡す。二時から理事会。秋のイベントが盛り沢山で説明がある。一時間で終わる。六時過ぎにロータリークラブで熊本ホテルキャッスルに行く。りんどうロータリーが一〇周年ということで、案内に来られた。りんどうロータリーは、会員皆が益城の人達で被害が甚大な方々だ。

九月六日（火）晴れ　定休日。　今日は、一年ぶりのゴルフだ。七時に長野さんを誘って、宇城の「あつまるレークタウン」に向かう。ロータリークラブのゴルフで参加者は七人だった。結局五九、五五の一一四も打ってしまった。ＯＢを九つも打ってしまったので仕方がない。それでも三位の賞とニアピン一つ貰った。

九月七日（水）晴れ　夜中二時頃突き上げる地震があっ

た。テレビに震度四とテロップ。朝礼後、店を開けて、健康診断で花畑クリニックに行き、胃カメラをのむ。胃が少し焼けた状態であり、ピロリ菌の影響かも知れないと検査を受ける。岩岡先生から『魂の道行き』という本が送られてきた。先日、来訪を受けた弦書房の出版だ。長男が宅買から六時頃帰って来た。殆どが一般図書だが、少し良い本があった。

九月八日（木）曇り　一〇時半に北武蔵丘に長男と宅買に行く。とんでもない量の本であった。綺麗な文庫が大量にある。その本の間や上に猫がいる。そこいらに何匹もいる。今日は、車に乗せられるだけ持ち帰る。普通の本であまり評価出来ない。三万円払って帰る。午後三時頃、店で本の整理に当たっていると、「ドン」と地震がある。又、地震が頻発し始めた。夕方六時頃、渡辺京二先生が来店される。

九月九日（金）晴れ　店の閉め際に県の図書館の方が来られて、災害に関する物がないかと言われる。それと、蘆花関係の物もということで、それらを探して見せる。八時過ぎまでおられた。

九月一〇日（土）晴れ　五時半起床、岩岡先生の本を読む。九時二〇分に朝礼、店を開ける。今日と明日は、震災復興イベントの一環で、通りが歩行者天国となるのでワゴンを二台借りて文庫と単行本を並べて、付け値の半額で売る。一〇時から歩行者天国となる。一二時から、阿蘇の被災した農家や道の駅から買ってきた農産物を売る。町内の主婦が目立つ。家内も両手に沢山の野菜を下げて来た。一つのコーナーは、ミニトマトやオクラの詰め放題百円とある。

九月一一日（日）晴れ　五時前に起きる。リオパラリンピックの水泳を少し見る。身体のハンディを物ともせず、泳いでいる姿に感動する。朝食後、八時からサンデーモーニングを見る。九時三〇分に店に降りて、店を開ける。今日も歩行者天国で、ワゴンを出す。通りは、昨日に引き続き阿蘇の野菜類を売る復興バザールがある。一二時からの売り出しだが、一時間もすればほぼ売り切れ状態となった。

九月一二日（月）雨　午後三時から県振連事務局で震災復興を支援するグループ補助金の件で会議。籠町通りの坂口会長と下通から遠藤氏が来ていた。九州経済産業局から企業支援課課長補佐の脇迫正文氏と四国経済産業局の沖野哲哉氏が来られていた。一時間程、グループ補助金の問題点を挙げて、改良のお願いをする。

九月一三日（火）朝雨のち曇り　定休日。　四時三〇分起床、雑誌「ＫＵＭＡＭＯＴＯ」の震災記録を読む。一〇時前に県立美術館に行き「雪舟流と狩野流」の展覧会を見る。家内が次女の出産で加藤神社にお参りに行くと言っていたので、神社に行くと丁度お祓いが終わって神殿から出てきた所だった。一緒に帰る。鶴屋に寄って出久根さんに香梅のお菓子を買う。家に戻り、出久根さんに震災見舞いの返礼の手紙を書く。

九月一四日（水）雨のち曇り　一一時頃に肥後銀行の上通支店長が来られる。藤崎宮大祭の寄付金を今までの倍額の二〇万円を頼んでいたのが本部から承諾を受けたと来られた。夕方、ロータリークラブの幹事を頼んでいる葉さんから電話があり「昨夜一〇時頃、心臓発作を起こして救急車で熊本内科に運ばれた、夜の会議には出れない」とのこと。六時になってロータリークラブの会長幹事会に一人で行く。

九月一五日（木）朝雨のち晴れ　一〇時から始まる藤崎宮大祭の神事に行く。昼食後、長男と宅買に。一週間前に行った所だ。宮武外骨の全集類は、東京に送ることにした。他は、「福田恒存」関係の全集類を七万円で買い、車満載で帰る。今晩、祭りのための甘酒を作る。甘酒用の甕が熱湯で洗われて麹を入れる。そこに炊きたてのご飯を入れる。熱湯を少しずつ入れながら大きなすりこぎで混ぜる。今までの感覚で、混ぜながら、丁度良い加減でお湯を入れるのを止めて、あとはすりこぎで充分に混ぜ、ほどよくなったところで甕を紙で塞いで紐を掛けて終わる。

九月一六日（金）曇り　九時二〇分朝礼、長男はお祭りに出かける。今日が飾馬の飾りおろしの日だ。私は、帯山に宅買に行く。「赤い鳥」の雑誌の復刻版を玄関に置いてあった。買取価格を言うと、売られなかった。観世流の謡曲本があると言われていたが、出ていない。奥から持ってこられた。約一〇〇冊あった、これと名著復刻版一箱と艶本二冊を一万円で買って帰る。売れるのは謡曲本だけだ。

九月一七日（土）晴れのち曇りのち雨　今日はロータリークラブのセミナーで大分に行くので家を八時に出る。被災で五七号線が通れないためミルクロードに上がって二重の峠を下りるので三〇分早く出る。大分に一一時一五分に着き、四時四〇分までである。帰りは、竹田あたりで雲行きがおかしい。六時半頃、渋滞となってしまった。登りはノロノロで前の車にぶつからないようにと注意して、上り詰めると下りは逆でスピードが出てこれもぶつからないように注意しての運転となった。帰りは四時間程かかった。

九月一八日（日）曇りのち雨　四時起床、五時に店に降りて、甘酒を神仏に備えて水を替えて拝む。新町の獅子が音を鳴らして通って行った。六時半に飾馬の先頭を見て上通の集合場所に行く。宮入りして八時過ぎに出発。約一二〇名の参加者で昨年より多い。上通に入るころ雨が降り出した。終わり方の新町あたりで本格的な雨。休憩場所の藤崎台童園に一〇時過ぎに着く。店に戻るため途中、コンビニで傘を買って歩いて帰る。三時になって藤崎宮大祭の夕随兵の出発を田原君に電話で聞くと、もうすぐ出発するとのこと。急ぎ法被に着替えて、タクシーで向かう。丁度、五番前位が出発していた。夕随兵の前半は弱い雨が降っていたが、後半は雨が上がった。宮入りは六時を過ぎていた。

九月一九日（月・敬老の日）雨　台風一六号が気になるが、明日の古書組合の市の二十日会は予定通りにやることにした。

九月二〇日（火）晴れ　定休日。　八時半に二十日会の会場である護国神社に行こうとしたら、長男が「助手席まで本を積んでいる」と言うので長屏沿いに歩いて行く。一〇時開始で、パソコンを準備して、一一時半頃終わる。終了後、即売会の目録発送の作業をする。即売会に出店するのは五店舗だが、他の組合員も手伝ってくれた。帰ると、郵便物が投げ込まれていた。その中に出久根さんからの礼状があった。

九月二一日（水）晴れ　午後二時から下通事務所で「中商協」の会議に出かける。色々とイベントが多くて五時近くなっても終わらない。中座して帰ると、直ぐに孫の優太を家内と迎えに行く。孫をマンションまで送って、そのまま、六時開演の「漱石の四年三ヶ月」の劇を県立劇場に行く。熊本の有名なオペラ歌手達九名による独唱で、贅沢な時間であった。その後、劇となる。我が家の先祖、初代又次郎も登場する。九時に終演。

九月二二日（木・祝日）晴れのち曇り、時々雨　祝日で朝礼なく一〇時開店。長男は宅買に出かけて、昼前に帰ってくる。考古学の報告書類だ。今やお金にならないものだ。昼から再び宅買に出かけていた。夕方帰ってくる。今度は、中国文学の先生の家のようで、『宮崎市定全集』があった。

九月二三日（金）曇り　店を開ける。長男は宅買に行ったが、一時間程で帰ってきた。数学関係の本だった。昔はお金にならない本だったが、今はこういったものもインターネットのお陰で、売れる本もある。昼過ぎに、謡曲本を売りに来られている。評価し五〇〇〇円で買う。

九月二四日（土）晴れ　今日は、東都大学のゴルフコンペで、私どもの大学が担当となっている。七時に、中央カントリーに着く。七時三〇分に開会式が行われて、加藤神社の湯田支部長の挨拶の後、八時三〇分にアウト、インに分かれてのスタートとなる。七〇名程の参加者。私のスコアは相変わらず。アウト五八、イン五五もたたいてしまった。三時半に表彰式となり、副支部長の私が、挨拶して表彰式をする。家には五時過ぎに帰る。三階に上がって、テレビを付けると豪栄道の相撲が丁度始まったところ。豪栄道が勝って優勝の瞬間を見て、六時から鶴屋で行われる有斐学舎舎友会に出かける。

九月二五日（日）晴れ　早朝、家内と「ひぎりの地蔵」にお参りに行き、帰りに手取菅原神社に行く。宮司が正装してご神殿におられて、お参りすると鈴を鳴らしながら頭にお祓いをしてくれた。地震で倒れていた鳥居の修復工事が行われていた。夕方、昨日、ゴルフで声を掛けられていた幅物一〇幅の持ち込みがある。殆どお金にならないものばかりであったが、最後にあけた二本の軸が、鉄眼和尚の一行書と蘇山の鯉の絵だった。これを三万円と評価する。

九月二六日（月）晴れ　九時二〇分朝礼。即売会の最終準備で、色紙を整理する。熊日さんが、読書の秋で店内の写真を撮らせ欲しいとのこと。承諾する。複製の浮世絵を整理する。東税理士事務所の稲田さんから電話がある。グループ補助金の追加申請の相談だ。

九月二七日（火）午前晴れのち雨　定休日。　昼食後、近くの山本床屋に散髪に行く。三時半に約束していた小森田運送が三時に来た。今日は即売会の搬入の日だ。雨が降るかもしれないと早く来た。二台の軽トラックに積み終えると、急いで、鶴屋に向かう。搬入を警備室の真前まで軽トラックを入れての搬入となった。その内、従業員二人も来て、家内と長男とで、設営を始める。ワゴンを並べ終えると、本を並べ始める。六時には大体設営が終わりかけた。七時になり、句会に行く。

九月二八日（水）弱い雨　即売会初日。八時には、長男はデパートに行った。私も準備して八時半には会場に向かう。ウインドーの値札のチェックをする。一〇時に開店となり、数人のお客さんが会場に入ってきた。午前中は昨年より多いと思える入場者だった。昼から義兄が、「外は暑い」と汗をかいて来た。何でも震災にあっている熊本城を旅行客に案内してきたとのこと。七〇歳になる義兄は、熊本城等の案内ボランティアを行っている。

九月二九日（木）朝から強い雨一日中雨　一一時に市役所の交通政策総室の松尾主査他二人。手取本町の電停が狭いので、広くするように計画しているが、地下通路の下通の出入口を取り除きたいという。利用度が少ないとはいえ、問題があると答える。一〇月の定例理事会に説明しに来るように言う。グループ補助金の件で東税理士事務所の稲田さんから電話があり、補助金の認定が降りたとのこと。第一関門を突破、安堵する。

九月三〇日（金）朝から雨　昼食後に東税理士事務所の稲田さんが第二次募集の提出のための印をもらいに来た。夕方、緒方米屋さんが来て、グループ補助金がお互い認可されたとのこと。七時から広町の山本屋で坪井恵比須神社の大祭の打ち合わせ。

大地震より早や半年

一〇月一日（土）晴れ　即売会四日目。店を開けて、鶴屋の即売会に行く。一昨日、熊日に即売会の記事が載ったので、お客さんも割と多かった。三時、長男と交代して店に戻ると、熊本県からグループ補助金認定書が送られてきていた。熊本朝日放送の竹原ディレクターが大正一四年に行われた熊本での博覧会の資料を探しに来られた。「熊本県三代事業共振会」という名称のもので、報告書も出ているが、二階の倉庫を探すと、絵葉書四枚があった。一一日にある祝賀会の席次を付箋を使って作成する。

一〇月二日（日）晴れ、夕方一時雨　いつまでも暑い。

即売会五日日、四時半に起きる。九時二〇分に店に降り、一〇時に鶴屋に向かう。山鹿の八三歳になられる尾崎さんと久しぶりに会う。午前中に阿蘇品先生夫妻が来られる。友人の田中君も来た。昼食後は、じざい屋に一〇〇円であった『ハーンの耳』を買って読む。これは面白い。三時前に息子が交代できたので、店に戻ると泉さんが来ていた。一一日の出版祝賀会の席次を確認して、会の進行を打ち合わせる。

一〇月三日（月）晴れ、夕方から小雨　即売会六日目、七時過ぎに久しぶりに「ドン」と大きな音で地震がある。揺れなかったが、オットと思う。七時四五分にも小さな「ドン」があった。九時二〇分朝礼後、鶴屋に行く。売場の点検をして昨日の売上のスリップを貰って店に戻ると辻春美さんが来られていた。県内の「絵馬」を調査されていて、県内には約三〇〇〇の絵馬があるとのことで、震災で潰れた神社に絵馬の状況を見に行っていると言われた。六時過ぎにロータリークラブに出かける。今日は、震災で一番被害が大きい益城町で商工会会長をしている熊本交通運輸社長で江南ロータリー会員の住永金司氏の話があった。

一〇月四日（火）曇り　四時に起きて日記を打つ。火曜日は、定休日だが、即売会の最終日なので店を開ける。午後三時に鶴屋に。天野屋さん出品の済済黌宛の小橋元雄の手紙を買う。五時半頃には片付け終わる。赤帽二台で店に運び七時前に店内に運び終える。

一〇月五日（水）晴れ　代休日。朝から書類の整理をしていると、栗山さんからグループ補助金の県庁での説明会の件で電話があり、東税理士事務所に確認を取る。その後、母がいる老健施設に着替えを持っていく。一時に家内を長溝にあるお茶の教室に送り、そのまま健軍のスーパー銭湯に行く。三時過ぎに、現代美術館に江口寿史さんのイラスト展を見る。先月の健康診断の結果が送られて来た。血液検査は異常なしだった。七時半から、即売会の打ち上げ。

一〇月六日（木）晴れ　九時二〇分朝礼を済ますと、くまもと文学・歴史館で行われる「漱石展」の開会式に行く。一時間程、展示を見て退出。一一時からホテル日航熊本で行われている肥後銀行の頭取を務めた長野吉彰さんのお別れの会に行く。会場は一杯で三〇分程並んで待ち、今の頭取甲斐さんに黙礼して帰ると丁度一二時。一時に昼食を済ませ、その後は即売会の帰り荷の整理に当たる。

一〇月七日（金） 店を開け、即売会の帰り荷の整理に当たる。一時三〇分になり上通の理事会で事務所に行く。三時四〇分に終わる。店に戻ると、長男が本を下ろしていた。今まで宅買にかかっていたのだ。また店が本で埋もれる。私は、即売会の帰りの本の整理にあたる。四時過ぎに友人の田中君が来る。彼には貸し家があり、「被災していて、屋根も直して雨漏りもしなくなり、良いだろうと思っていたが、『家賃をもっと下げろ』と言われ困っている。自分の家も被災して今、玄関の工事をしていて、玄関から入れない」と言う。

一〇月八日（土）曇りのち雨 今日と明日は「えびす祭」で車道は歩行者天国になり、ワゴンを三台店頭に置いてセールを行う。一一時から行われる「銀杏祭」のオープニングセレモニーのため銀座通に出かける。セレモニーは三〇分程で終わり店に帰る。町内は、一二時からバンドの演奏が始まっていた。空は雨が降る様子である。二時前にパラリとくる。ワゴンを急いでテント内に入れる。三時過ぎると雨が降り出した。バンドはテントの中で演奏していた。

一〇月九日（日）晴れ 今日も歩行者天国で、一〇時になって店を開けワゴンを出す。店の本とワゴンの整理をしたりして一日過ごした。三時頃、甲斐田君夫妻が来る。甲斐田君は、今は出田実業の傘下の会社にいると言う。話している内に、三階のトイレの具合が悪いと言うと、見てくれて交換しないとダメだと言う。五時にイベントが終わるとワゴンの本の撤収をする。一番街は、九時まで歩行者天国。

一〇月一〇日（月・祝日）晴れ 九時から熊本北警察署で行われる「防犯月間」の式典に参加する。夕方、長男が買ってきた本を見ると買ってきた価格を取り戻すのが精一杯と見て、注意する。ただ、本の買値を積算すればその値段になるだろうが、売れない本が多すぎる。その時は、これで良いかと一度考えるように言う。

一〇月一一日（火）晴れ　定休日、出版祝賀会。 午前六時半頃、入浴中に震度三の地震がある。午後六時から上通で出版した『街は記憶するⅡ』の出版祝賀会を五〇名が参加しホテル日航熊本で行う。本来は、四月に行うはずの祝賀会だったが、地震があって、半年後となった。

一〇月一二日（水）晴れのち曇り　一時半に車で法務局に行くと申請者で混んでいて、四〇分程かかった。二時半からある「すきたい熊本協議会」へＮＴＴ熊本支店に急いで行くと、始まる三時丁度となった。今日は「熊本城ホール」についての説明があった。説明会の途中で地震がある。震度二くらいか。

一〇月一三日（木）晴れ　午後六時半から熊本ホテルキャッスルで行う「天寿の会」に行く。今月は一一人の参加だった。話は、いまだ地震の被害の話だ。メンバーの原田写真場は、改築となっているが、殆ど解かれて柱と横木だけを残してのリフォームで新築と同じようなもので、修復にも相当の金額がかかるという。グループ補助金のお陰で、そこまで踏み切ったと言われる。

一〇月一四日（金）晴れ　最初の地震から半年の日。
お客さんが震災で整理していて、もういらないと本の持ち込みがある。江戸時代の武士の礼書類が主であった。一般的な礼書ではなく、熊本での礼書である。全部で八万円で買う。三時にＮＨＫの正原ディレクターが「震災日記」を付けていることを新聞で読み訪ねて来た。

一〇月一五日（土）晴れ　六時四〇分朝食をとっていると小さな地震がある。一〇時四〇分頃にも地震がある。一時四五分からロータリークラブの会議「第一回ガバナー補佐研修会」でパレアに行く。途中三時一五分休憩となって失礼して店に戻ると、鹿児島のお客さんが来られていた。日本地図と鹿児島の地図、合わせて二〇万円程買われた。六時から研修会の懇親会が城見町の「青柳」であるので出掛ける。

一〇月一六日（日）晴れ　本震から半年。　一〇時に店を開け書斎で仕事をしていると、古文書三通の読みを依頼していた松本寿三郎先生が来られた。「忝」の字が読めなかったのと、読み違いの教えを受けた。午後は、目録に載せる熊本の資料類を確かめながら作業する。「銀臺遺事補遺　上下」の上巻は新史料かもしれない。夕方、近くの緒方米屋の緒方君から銀行借入の件の話を聞く。

（写真も筆者）

地震から約８カ月経過して行われた熊本市上通各店舗の「復興セール」

［編者注］

河島さんが日記を書き始めたのは、二〇一六年四月一四日の前震の日からだ。日記は初めてだったが、「書いておかねば」という気持が自然と湧いたという。地震はそれほどの衝撃だった。今、毎日書き続けながら、時折読み返すこともあり、「記録」としての日記の大切さを再認識している。熊本地震を契機に「この際、本の整理をしたい」という人が増えている。しかし古書の値段は安い。高値で買われる東京市場もこのところ安値が続いており、河島さんとしても頭の痛いところだ。また熊本市の繁華街の一つ、上通商栄会の会長としての課題も多い。一五〇人ほどの会員がいるが、店舗やケーキの生産工場などの被災という問題を抱え、復興にはまだまだ時間がかかりそうだ。日記は今も続けている。「もう、やめられなくなりました」と言う。

Ⅳ

繋《つな》ぐ

古文書から読み解く震災——地域史料の保全と地域の持続

稲葉継陽

はじめに

二〇一六年四月一六日未明、熊本地方を二度目の激震が襲った。筆者の周囲に負傷者は出なかったが、自宅は被災し、多くの屋根瓦が落ち、壁にはヒビが入り、棚という棚が倒れた。その日は夕方から雨が予想されていたが、私は自宅の手当より前に、熊本大学附属図書館に駆け付けた。永青文庫細川家の資料群の状況を確認するためである。

一六日の昼過ぎ、附属図書館の担当者とともに、同館の貴重書庫に入った。大きな余震が継続する中で書庫に入るとは、いま思うと恐ろしいことであったが、いてもたってもいられない気持ちが先に立ったのである。織田信長の細川幽斎宛書状群をはじめとする約五万八千点の細川家資料群は、すべて無事であった。

安堵感とともに、「つながった」という思いがこみ上げた。歴史資料を次の世代につなげることができた、という実感である。

江戸時代にはじつに多くの文書が作られ、現在まで伝えられている。当時の社会の構造に則して、百姓の家文書、村レベルの庄屋文書、その上の大庄屋とも惣庄屋ともいわれる地域行政単位のところに蓄積された文書、それから藩士の家文書、そして大名家の文書。江戸時代の古文書は、同一地域に重層的に蓄積されて伝来しているのが特徴である。熊本の場合は、永青文庫の細川家（大名家）史料が約五万八千点、それに筆頭家老松井家の文書が四万点弱、熊本大学で管理されている。それだけではなく、今度の震災に直面して、惣庄屋文書以下の地域文書についても、あらためて目を開かされることになった。それらは現在でも大半が地域住民によって所有・管理されていて、熊本県内に一三〇〇件以上の存在が知られている。大名家文書から地域住民の家文書までを一括して、「地域史料」と呼ぶことにしよう。

震災を経験して、住民とともに被災した地域史料の保全活動に関わりながら、かくも膨大な歴史資料を現在まで伝えてきた力と、保全されてきた史料から読み取れる地域の持続の在り様について、多くのことを考えた。その一端をご紹介しよう。

一　大名家文書の保全と伝来――熊本城の被災と政変

永青文庫細川家資料の概要

前述のように、熊本大学附属図書館には、熊本藩主として幕末を迎えた近世大名細川家伝来の古文書・書籍を中心とした資料群が寄託されている。これらは、明治維新後に肥後細川家の菩提寺・妙解寺（現熊本市中央区横手）の跡におかれた細川家北岡邸内にいくつか存在した蔵に収蔵されていたもので、ゆえに「細川家北岡文庫」とも呼ばれ、一九六四年に財団法人永青文庫から熊本大学へと寄託された。五万八千点にも及ぶ点数を誇る、我が国を代表する大名家資料群「永青文庫細川家資料」である。

筆者の職場である熊本大学文学部附属永青文庫研究センターは二〇〇九年四月に設置され、細川家資料の総目録作成に取り組んできた。その結果、膨大な歴史資料群の全容が見えてきた。

他の大名家資料群と同様に、細川家資料の全体は、細川家の「御家の資料」（御家の宝物）と「藩庁史料」とに大別して把握することができる。このうち、地域史料として注目されるのは、政治行政組織としての大名家の役所（「藩庁」）に蓄積された歴史資料（行政資料）群、すなわち「藩庁史料」である。

特筆すべきは、そのコンプリートな伝来の仕方である。第一に注目されるのは、寛永期（一六四〇年代）までの初期藩政史料が大量に伝来している点で、三〇〇あった大名家のうちでも、あまり類例をみないと思われる。奉行その他の家臣からの上申書・政策原案等を藩主が決裁した文書は二千点を超える。奉行宛達書は、参勤交替のために国元を留守にしている藩主が、道中や江戸から熊本の奉行に対して具体的な指示を書き送った文書群である。その他に、家老・奉行衆の合議記録や書状の控え、藩主の口頭での指示を側近がその都度書き留めた記録など、初期の藩政運営の実態を示すバラエティーに富んだ史料群が膨大に伝来している。これらの総合的な分析によって、近世大名の政治体制の確立過程を分析することは、日本史研究の大きな課題であると言ってよい。

江戸時代中期の藩庁史料収納状況（一部）

第二に注目されるのは、江戸時代中期以降の藩政史料である。一八世紀に藩主の決裁行為が限定かつ形式化し、藩庁では部局制の整備と各部局の本格的行政組織化が進められる。こうした「藩政改革」は、部局ごとに膨大な資料を蓄積させ、機密間（総務部局）、郡方（地方行政部局）、選挙方（人事部局）、刑法方（刑事法制部局）等の記録史料が、廃藩置県まで連年分伝来することになった。一冊が三〇cm、四〇cmに達するような簿冊が数千冊単位で存在し、紙数はじつに総計二〇〇万枚に達することが明らかになっている。

熊本城の被災と復興の実際

熊本地震以来、永青文庫細川家の古文書にみえる地震や災害の記事を、職場の同僚に調べてもらった。すると、細川家小倉時代の寛永二年（一六二五）、奉行所の記録にこんな記事が見つかった。

《六月一七日の夜に肥後で大地震が発生。熊本城内の建物は天守をはじめとして壊滅的な打撃を受け、城中の死者は五〇人、煙硝蔵から火災が発生して大爆発を起こし、八〇〇m四方の建物を吹き飛ばした。石垣も崩れた。重臣たちの屋敷も被災した…。》

今回とかわらぬ大惨事である。熊本城にこうした被災の歴史があった事実を、多くの市民の皆さんにも知ってほしい。当時の加藤家や細川家が、どのような手段で、どれほどの年月をかけて復旧したのか。じつに興味深く、また現代的意義の深い研究テーマである（後藤典子「近世初期、熊本城の被災と修復」『kumamoto』No.16、二〇一六年）。

地震から七年後の寛永九年（一六三二）、熊本藩主加藤家は改易され、小倉藩主だった細川家が熊本に転封となり、当主の細川忠利は同年一二月八日に熊本城に入った。一二月二五日、忠利は幕府老中の一人に宛てた手紙で次のように述べている。

《熊本城の修復工事は、下級家臣までが熊本に落ち着いてから準備して、幕府の許可を得ようと思います。塀が倒れている場所は、小倉城のようにきちんと修繕したい。ただし小倉では修理のたびに幕府の許可を得てきた。熊本は塀の修理も許可申請したことがなかったのだろうか。やはり塀の穴や建物の雨漏りは修理するべきだと思います。他の老中たちにも、この件について下話しておいてください。》

忠利は熊本入城時に天守閣に登っているから、加藤家による復旧工事が一定程度進展していたことは事実だが、建物の屋根や塀はボロボロだった。小倉城を完璧に維持してきた忠利の目に、熊本城の荒れた状況は異様に映ったようだ。

翌寛永一〇年（一六三三）八月五日付で忠利は熊本城の工事申請目録を作成している。幕府に許可申請するためである。それによれば、塀の工事箇所と規模は、本丸北出口上りの塀二二間ほか、全四箇所合わせて一一三間。さらに石垣は、小天守の下北の方二五二坪（長さ三六間　高さ七間）ほか、全二五箇所合わせて一五〇三坪半、つまり約五〇〇〇平米にのぼる。これは今度の震災で崩れた熊本城石垣の面積のほぼ半分にあたる規模である。加藤家は寛永二年地震の七年後に改易となった時点では、まだ被害を修復しきれていなかったのである。

こうして熊本城の復旧に取り掛かった細川家であるが、寛永期はいわば「地震の時代」であった。寛永一〇年三月一八日付で親しい大名仲間に書いた書状の中で、忠利はこう伝えている。

《熊本城はことのほか櫓が多く、家も建て込んでいて、庭もまったくない有様だ。その上地震が揺れるので本丸には居ようもなくて、城の下の広い花畑屋敷に落ち着いている。》

地震に際しては、熊本城は最も危険な場所となった。入国早々の忠利だが、本丸御殿での儀式や天守の使用は諦めざるを得なかったとみられる。

地震だけではない。将軍家光の病気、それに天草島原一揆。忠利はそのたびに城普請を延期せざるを得なかった。天草島原一揆の後、寛永一五年（一六三八）九月五日付で小倉藩主小笠原忠真に宛てた忠利の書状は興味深い。

《熊本城の堀・石垣・櫓などは幕府の許可を得て、すみずみまで復旧工事を命じていたが、こんなに牛が死んでいるのでは、百姓たちが工事にあたるのは無理だろう。まずは城の工事を止めて、百姓の麦の作付けを侍たちに援助させようと思う。政治とはどうにもうまくいかないものだ。》

九月初旬は稲の収穫を終えて麦の作付けにかかる季節だ。疫病の流布による農耕牛の大量死という事態を重視した忠利は、百姓の作付け援助を優先して城の復旧工事は延期せざるを得なかったのである。

さらに、これより先の寛永一一年（一六三四）八月、延岡藩主の有馬直純から石垣普請について相談を受けた忠利は、こう書き送っていた。

《延岡城の門脇の石垣を幅五六間ほど組み直す件についてご相談を受けました。そうした城普請は御無用かと存じます。道に崩れかかっていて危険ならば、人が通れる程度に石を移動させるだけにして、少しでも石垣を築き直されるような工事は御無用です。石垣などが崩れていて見苦しいのは、どこの城でも同じです。幕府の明確な許可が得られていないなら、ほんの少しの普請であっても我慢することが肝要です。》

石垣を伴う巨大城郭が列島各地に次々と構築されてから約三〇年。相次ぐ地震や大雨にさらされた石垣は、この頃には方々で崩れ、幕府からの許可獲得の困難さとあいまって、代表的な国持大名である細川忠利をして「崩れているのが当たり前」と言わしめるような状況であった。大名にとっても、城の修復工事はあくまで藩の政策課題の一つに過ぎず、むしろ民政優先が江戸時代の政治の理想であった。将軍の江戸城、幕府の上方支配の一大拠点であった大坂城、加賀百万石の金沢城、そして肥後八代城など、倒壊・焼失した天守閣がついに再建されなかった例が意外に多いのも、こうした事情が反映されてのことだろう。

災害・政変を乗り越えた史料保全の意志

江戸時代、城の維持はかくも困難であった。しかし、細川家の膨大な歴史資料が、幾多の災害や政変をかいくぐって現在に伝えられてきた事実を忘れてはならない。

石垣や雨漏りの修理さえもままならない城内で、藩庁史料はいかにして管理されていたのだろうか。寛永一〇年（一六三三）五月、三月の地震の余震もおさまらない中で、忠利がある家臣に送った書状は、この点に関連して興味深い。

《熊本地震のことだが、余震が断続的に続いていたが、ここのところ揺れが遠のいてはきた。それにしても危なくて、庭のない本丸には居られない。本丸には二畳敷きほどの庭さえなくて、四方は高石垣に囲まれ、それに櫓・天守がそびえていて危険極まりない。幕府の許可を得て「地震屋」を備えた庭を造らなければ、本丸には居られない。》

災害に際しての文書の保全という観点から注目されるのが、忠利の言う「地震屋」だ。寛永の大地震後の時期の永青文庫細川家の古文書には、この手紙のように、城内や麓の花畑屋敷に地震屋と呼ばれる避難所が設置ないしは設置計画されたことを示す記述が、集中的に出てくる。藩主が地震で落命したら一大事。特別な耐震構造をもった建物だったと推察される。大名家の危機管理である。

地震屋には人だけでなく、御家の宝とされた文物や、統治のための重要文書なども避難させたと考えられる。また、永青文庫にいくつか伝わる熊本城内奉行所の絵図を見ると、役人たちの執務空間とは別に、専用の文書保管庫が設置されていたことも分かる。

寛永期の大地震を経験した熊本城内外には、普請に難渋しながらも、災害から人と資料を守る目的で特殊施設がつくられていた。だからこそ永青文庫にはこれだけの歴史資料が伝えられたのだろう。

歴史資料は災害だけではなく、政変をも乗り越えて現在に伝えられた。細川家は、ほとんど熊本県の全体に匹敵するような領域を二〇〇年以上にわたって統治したわけだから、現在の県庁と同じように、藩庁の各部局は自らの活動の過程で膨大な行政記録を生みだした。それらはとにかく一年分毎に一冊に綴じられ、いつでも参照できるように管理蓄積されていった。

こうした藩庁史料はどこの藩でも残っていると思われるかもしれないが、決してそうではない。なぜなら、明治四年（一八七一）の廃藩置県に際して、藩をやめて明日から県だ、という体制変革に直面するわけだが、そこで旧藩時代の資料が一括して藩から県へと移管されてしまうからだ。最初は旧藩時代の資料に基づいて県の行政を開始せざるを得なかったのである。しかし、やっと明治二二年（一八八九）に大日本帝国憲法と市制・町村制が施行されると、旧藩時代の文書群の大半は御用済みになる。その後、明治二〇年代以降に処分されるケース、あるいは第二次世界大戦で主要都市の多くが空襲を受けているので、そこでとどめを刺された例も多い。

「お家の宝」の部分は明治以降も大名家や家臣筋が管理することもあって、比較的残りやすかったようだが、藩庁史料は多くが消滅しているのだ。ところが、熊本の場合はじつに膨大な史料が伝来している。それは何故なのか。

永青文庫には県から細川家への資料返還の事情を示す記録が存在する。それによれば、県に対して資料返還運動を展開したのは旧藩士たちで、早くも廃藩置県の翌年、明治五年六月から始まっていた。県に移管された「藩庁の簿書類」は、明治五年の段階から部分的に民間へと売り払われ始めていた。こうした状況に危機感を抱いた旧熊本藩士らは、県が不要と判断した旧藩資料を「玉石を選ばず」に譲り受け、商人が所持している分も可能な限り買い上げて、熊本藩の政事の有様を後世に伝えるため、目録の作成を開始した、と記録されている。

また旧藩士たちは、運動に取りかかった動機を次のように記している。「熊本藩の政治は、他藩の模範とされた実績を誇ったが、このまま資料の散逸を許せば、将来の『国史編集』上の損失は甚大となる」。彼らを動かしたのは、列藩の模範とされた熊本藩政の担い手としての、強烈な自負心であった。

ただし、県庁に移管されたすべての資料が明治五年の時点で細川家側に戻されたわけではなく、やはり相当数の資料が、その後も県庁で利用されていた。しかし、それらのうちにも、後に細川家側へと戻されたものがあった。熊本藩の地域支配の基礎台帳や絵図類であり、そのうち一四〇〇点ちかくが熊本大学に寄託されている。県から細川家側に返却された時期は、やはり市制・町村制が施行されてこれら資料が過去の物となった、明治二〇年代以降であろう。旧藩士たちの資料返還運動は、じつに粘り強く継続されたのである。

藩庁史料が県庁において一定期間利用されていたという事実自体も、近代行政の成立を考える上でじつに興味深いのだが、細川家の場合は、そうして県庁で長期利用された資料さえも明治後期に回収されて散逸を免れた点は、特筆に値する。かくして西南戦争や第二次世界大戦の戦火、敗戦後の混乱からも守られたこれら歴史資料群は、一九六四年に熊本大学へと一括寄託されたのであった。現在は熊本大学附属図書館で管理され、今度の熊本震災をも無傷で乗り越え、歴史を未来につないだ。

歴史資料を現代に遺した力は、それを後世に伝えようという意志をもった人々の営為の積み重ねにほかならない。過去の人々の努力もまた未来へと引き継がれたのである。

二　未指定地域史料の保全と地域の持続

被災古文書のレスキュー活動

歴史資料の保全のために力を尽くした無名の人びとの業績に、歴史学者として思いを致したい。細川家に限らず、残るべくして残った歴史資料など、どこにもないのだ――そう考えていた最中、熊本地震に見舞われた。すぐに課題となったのは、地域史料の中でも地域住民が所有する古文書群、文化財としては指定を受けていない多くの被災史料をどう保全するかであった。

文化財には、文化財保護法によって価値の高いものとして指定された文化財と、未指定の文化財とがある。熊本地震で被災したのは、熊本城や阿蘇神社のような国指定史跡・文化財だけではない。世論では見落とされがちだが、民間所有の多くの未指定文化財も被災した。国や自治体の指定文化財は行政が被害確認に当たり、国及び県の指定の場合には保存修復に公的補助が出るが、未指定にはそれらがない。所有者宅が被災すれば水損汚損を受け、置き場を失い、処分されてしまうこともある。じつは、民間所有の古文書等のほぼ全てが未指定であり、それらの救出が急務となったのだ。

被災した未指定文化財を保全すべく、文化庁所管の「文化財レスキュー事業」が七月中旬から本格始動したが、すでに四月二三日には、県内の歴史学者や学芸員によって、私を代表に「熊本被災史料レスキューネットワーク」が発足し、熊本県博物館ネットワークセンターや熊本市立熊本博物館とともに、古文書等を三〇件ちかくレスキューしてきた。公的レスキュー事業と、それに先立つボランティア活動。熊本における取組みは、災害時の未指定文化財保全活動のモデルケースの一つとなろう。

なぜ、こうした未指定文書の救出が必要なのだろうか。前述のように、江戸時代の社会は極めて大量の文書を生み出した。熊本の場合それは当時の社会構造と対応して、(1)大名家文書（藩庁史料）、(2)家老文書、(3)惣庄屋（地域行政）文書、(4)村庄屋（村政）文書、(5)百姓（地域住民）の家文書というように、重層的に存在し、それぞれの文書群を作成した組織によって管理されてきた。(1)や(2)は現在、熊本大学附属図書館等に管理されて無事であった。(3)～(5)がレスキュー対象となった民間所有の未指定文書群である。

大名家の文書群に比べて、未指定の民間所有文書の〝価値〟は低いと思われがちだが、大きな間違いである。例えば、四月にレスキューした緑川筋のある村庄屋文書（江戸時代の村は現在の大字にあたる）の中には、村内の荒地開発について具体的かつ詳細な計画を立て、それに必要な人足の雇銭の拝借を惣庄屋に願い出た文書の控えが含まれていた。地域行政の責任者である惣庄屋は、熊本藩内の地域ごとに五〇余名が任命され、その管轄地域を「手永」と呼んだ。手永・惣庄屋のレベルでは、こうした村々からの要求をうけて、農業基盤やインフラの整備そして災害復興にかかる政策原案が練り上げられ、惣庄屋から熊本藩庁の担当部局へと頻繁に上申された。さらにそれは藩庁部局内で検討されて藩の政策となり、手永レベルで実施された。

農業基盤整備、道や石橋の建設、災害復興といった熊本藩の主要な地域政策は、意外にも地域自治を前提としたボトムアップ型の政策形成システムによって具体化され、実現されたのであった。(3)惣庄屋文書と(4)村庄屋文書には、政策原案の自治的な形成過程等が克明に記録されている。つまり、民間所有文書群の内容を踏まえなければ、大名家の藩庁史料や家老文書を正しく理解することなどできないのである。これら各レベルの文書同士の関連に留意することではじめて、江戸時代の社会の総体を把握することが可能となるのだ。このように、民間所有文書の存在は、日本の近世社会を根底から捉え直すという歴史学上の大問題に関わっているのである。

それだけではない。民間所有文書は地域の歴史の証言でもある。被災地ではいま、江戸時代の村に起源を有する地域コミュニティーが試練に立たされている。民間所有文書に記録された個性あふれる歴史は、地域持続のための究極の根拠となり得る。

地域の歴史を未来につなぐために、古文書をはじめとする地域文化財をいかに保全し、活用するか。それは被災地のみならず、すべての地域に共通する課題でもあるのだ。

レスキューされた江戸中期の庄屋文書の木箱。「堪忍」「火要心第一也」等と、庄屋としての心構えや文書管理上の留意点が墨書きされている

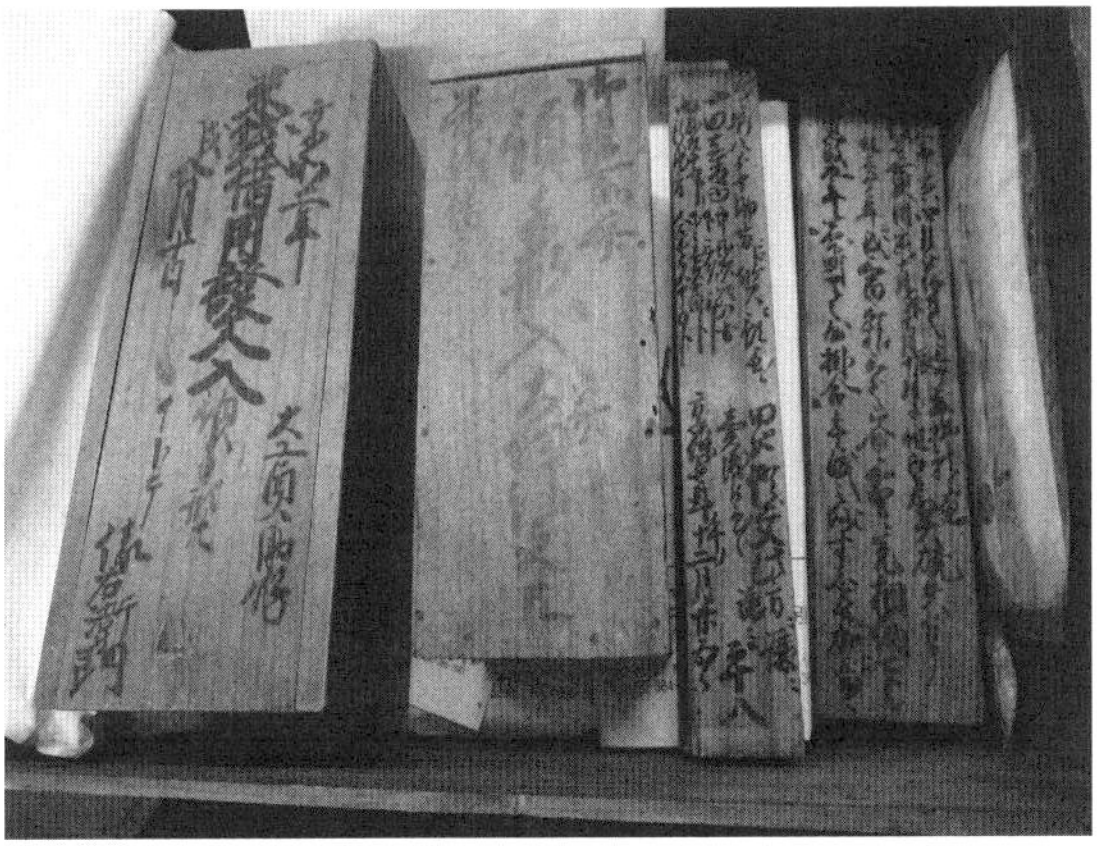

レスキューされた江戸中期の庄屋文書。村や地域の重大問題ごとに関係文書を整理し、混乱・散逸しないようにそれぞれ箱をしつらえて管理している。

災害復興と地域の持続

それでは、地域史料からどのような政策形成のあり方が読み取れるのか。災害復興を例に見てみよう。

熊本育ちの読者の方なら、「島原大変、肥後迷惑」という諺をご存知のことと思う。寛政四年（一七九二）四月一日、有明海を襲った火山性地震と、それによる島原・雲仙普賢岳眉山（前山）の山体崩壊によって発生した津波による大災害を指す。島原の有明海を挟んだ対岸に位置する肥後国の沿岸地域が津波の被害をうけたことを、「迷惑」と表現した言い伝えである。

永青文庫細川家資料の中に、この時の雲仙、有明海、肥後国沿岸の被災状況を描いた絵図が伝わっている。火を噴きながら崩壊する普賢岳、荒れ狂う火砕流、流木や倒壊家屋の屋根につかまったまま津波とともに流される被災者。そして肥後国沿岸に押し寄せる津波…。写実的ではないが、災害のリアリティを生々しく伝える図柄である。

絵図には説明文が書き込まれている。職場の同僚の後藤典子さんに解読してもらうと、島原側の被害をこう描写していることが分かった。

《四月一日の午後六時過ぎ、強い地震とともに眉山頂上から麓まで一気に崩壊した。山水が出て、島原城下に海から津波が押し寄せ、城下の町屋を悉く押し流した。死人・けが人は数知れず。海手の山が沖に押し出され、海上に小山がおびただしくできた。城下の死者・負傷者は二万七千人を超えた。》

この絵図を描いたのは「陵霙霄軒」と名乗る人物。島原から肥後国の長洲（現熊本市長洲町）に逃げてきたお坊さんの証言や、熊本藩への現地からの報告等をもとに作製したという。災害の実情を後世に伝えようという強い意志が感じられる。

さて、「肥後迷惑」の実情はどうか。この絵図の描写によれば、肥後国の玉名郡から宇土半島北岸に至るまで、津波が押し寄せたことは確実である。じつは永青文庫には、このうち宇土半島北岸地域の災害復興に関する詳細な記録が遺されている。その記録とは、藩庁史料のうちの文化年間の「覚帳」。熊本藩の地域支配にあたった部局「郡方」のもとに蓄積された行政資料の綴りである。それを見ると、宇土郡長浜村（現宇土市長浜町）では、じつにこの津波で男女合わせて三九〇人もの溺死者が出たとされている。

それよりも驚くべきは、この「覚帳」が作成された文化一二年（一八一五）の段階で、津波の前年に五〇〇人いたとされる同村の住民数が、二四八人までにしか回復していないという事実である。これが「肥後迷惑」の深刻な実体であった。

すでに津波から二〇年以上。江戸時代においても、災害復興には長い時間を要したのだ。この間、そしてこの後、長浜村地域では復興のためにどのような取組みが継続されたのだろうか。じつは「覚帳」には、被災から二〇年後の復興政策の立案過程も記録されている。興味深いのは、復興政策の原案が被災地域の側で立案され、藩の担当部局である郡方へと提案されていることである。

前述のように、熊本藩政下では現在の大字にあたる「村」と「郡」との中間に「手永」と呼ばれる五〇余りの行政区画があり、手永には「会所」（役所）があって、地域出身の会所役人と藩から任命された惣庄屋によって運営されていた。津波被害が大きかったのは、郡浦手永の三角浦村（現宇城市）と長浜村であった。「覚帳」には、これら二村の復興計画を詳細に書き上げた郡浦手永惣庄屋郡浦典太の上申書の原本が綴じ込まれているのだ。

上申書は、三角浦村と長浜村の復興推進への藩からの助成を要求したものであった。村外の高利貸のもとに渡ってしまった耕地の権利を取り戻す費用。借金利子返済費用。家屋等の新造費用。牛や農具の購入費用。漁船の新造・修理費用。漁具の購入費用。荒地開墾費用。さらに商売の元手銭…。これら一つ一つが、具体的な数値根拠を明示しながら要求されているのである。復興政策は、この原案をもとに藩庁「郡方」内で調整されて決定され、郡浦手永との再度の調整を経て執行された。津波以来二〇年の間、復興は遅々として進まなかった。しかし三角浦村と長浜村の住民たちは決してあきらめず、この復興政策の実施によって被災を乗り越え、村の歴史は現在にまでつながっているのである。

もし、三角や長浜の村庄屋文書群が現存していれば、そこにはこうした復興政策の立案過程に関する古文書が含まれている可能性が高い。こうして地域史料は、住民の生活の場から藩の政策決定のレベルまでを貫き、地域復興の実態、地域の持続の過程を語るのである。江戸時代の社会的再生産を支えたのは、究極の地方自治であったと言わねばなるまい。

熊本藩主細川家による統治の安定の基礎には、肥後の地域住民による自治的活動が存在したのであった。従来、日本の「近代化」が市民社会を確立できずに超国家主義へと行き着いた事実を直視する立場からは、江戸時代の圧政継続こそがその要因だとされてきた。逆に、「日本の近代」を称賛する立場からは、それは鎖国によって閉ざされた江戸時代の蒙昧を完全否定することによって実現されたものだと理解されてきた。どちらの歴史観でも「江戸時代」にはマイナスイメージが押し付けられている。熊本の「地域史料」群は、こうした固定的な歴史観を払拭させてしまう、稀有の存在である。

それにしても、二〇一六年七月末に農水省が発表した調査結果によれば、一九九〇年に四八〇万人を超えていた我が国の農業人口は、二五年後の今日、じつにその四割にまで激減しているという。熊本の地域社会の現状は、歴史的な視野のもとで見たときに深刻さが浮き彫りになる。農業・漁業・林業を生業に戦国時代に成立し、戦争や自然災害に対処しながら持続してきた五〇〇年の地域は、いま最大の試練に立たされているのである。

板碑が語る地域社会の始源

熊本には、こうした地域社会の始源を語る戦国時代の歴史資料も数多く遺されている。震災で最も大きな被害が出た地域のひとつ、西原村。私は二〇一〇年に刊行された『西原村誌』で「戦国時代の西原」の章を担当し、この地域を何度となく歩いた経験をもつ。西原には中世の古文書は一点もなかったが、戦国時代のことを書くには困らなかった。一六世紀の半ばに西原地域の住民たちが、それぞれの集落内に共同で次々と建立した石碑が、二〇基以上も現存しているからである。板状に加工した石材に文字や図像を彫り込むことから、こうした石碑を「板碑」と呼んでいる。

板碑の中には、建立年月日、建立主体となった地域コミュニティー（村落）の名称、建立理由、数十名に及ぶ村人男女の法名などを克明に刻んだものがある。このように村の住民らが共同で建てた板碑を「結衆板碑」と呼ぶ。戦国の結衆板碑を建てた村落は、江戸時代の村へとつながり、さらには現在の大字単位の自治会・町内会の組織へと引き継がれる地域住民の自治組織であった。

承応三年の板碑（熊本市西区）。この年の台風による大災害に際して生前供養を受けた夫婦のもの。上部の記号は阿弥陀如来を表す。法名は「西岩妙香」（女性）、「一誉浄念」（男性）とある

明日をも知れぬ戦国時代、成立したばかりの村の住民たちは協力し、生前に自分たち自身の供養を行い、

僧侶から法名をもらい、現世と来世の安穏（平和）を祈り、その共同法要（生前供養）のモニュメントとして、板碑を建立したのであった。こうした結衆板碑は、現在にまでつながる地域コミュニティーの歴史の始源を示す、貴重な文化財である。

しかし、活断層が通る西原では、今度の震災を契機に集落単位の集団移転さえ検討されている。戦国時代に成立した地域コミュニティー五〇〇年の歴史が、ここでいま具体的な試練に直面しているのだ。

村の歴史の第一歩を語る結衆板碑の被災・復旧現状をこの目で確認することを、まずは自らに課したい。その作業は、自然災害の長い波動の中で人間活動の歴史的意味をどう捉えるべきか考える機会、私自身の歴史認識の座標軸そのものを点検する機会になると思うからだ。

おわりに

残るべくして残った文化財など、どこにもない。後代に伝えようとする意志を持ち、努力を怠るな。

永青文庫細川家の膨大な歴史資料群、村や家の古文書群、そして板碑。すべての歴史資料の管理に関わってきた人々が、いま、そう私たちに語りかけているように思われてならない。そして私自身も、微力ながら先人たちの営為を主体的に引き継いでいる。今度の被災は、そのことを自覚する大きな出来事となった。

地域史料が語る歴史は、熊本の地域社会の持続の過程そのものである。地域経済の現実がどんなに厳しくとも、地域の歴史を忘却の彼方に押しやってはならない。地域史料をはじめとする文化財の存在とその豊かで深い価値は、地域の持続のための究極の根拠になり得る。歴史学者として、被災文化財・史跡の保全と復旧に力を尽くしていきたい。

（写真も筆者）

V 資料

◎熊本地震メモ

以下は気象庁発表と熊本県の資料、熊本日日新聞の記事などを中心にした熊本地震の概要である。熊本県の資料は二〇一六年九月一四日時点のまとめで、死者数などはその後変動している。このため本書では、死者数や住宅被害、地震回数など変動した数字は二〇一七年五月三一日現在で再調査した。

[概要]

前震

発生　二〇一六（平成二八）年四月一四日午後九時二六分
震央地名　熊本県熊本地方
マグニチュード　六・五
震度五以上を観測した自治体
震度七　益城町
震度六強　なし
震度六弱　熊本市、玉名市、宇城市、西原村

震度五強　菊池市、宇土市、大津町、菊陽町、御船町、美里町、山都町、氷川町、合志市
震度五弱　高森町、阿蘇市、南阿蘇村、八代市、長洲町、甲佐町、和水町、上天草市、天草市
宮崎県─椎葉村

本震

発生　二〇一六（平成二八）年四月一六日午前一時二五分
震央地名　熊本県熊本地方
マグニチュード　七・三
震度五以上を観測した自治体
震度七　益城町、西原村
震度六強　熊本市、菊池市、宇土市、宇城市、合志市、大津町、嘉島町、南阿蘇村
震度六弱　八代市、玉名市、上天草市、阿蘇市、天草市、和水町、菊陽町、御船町、美里町、山都町、氷川町
大分県─別府市、由布市
震度五強　山鹿市、南小国町、小国町、産山村、高森町、玉東町、長洲町、甲佐町、芦北町
福岡県─久留米市、柳川市、大川市、みやま市
佐賀県─佐賀市、神埼市、上峰町、
長崎県─南島原市
大分県─豊後大野市、日田市、竹田市、九重町

震度五強　宮崎県―椎葉村、高千穂町、美郷町
震度五弱　荒尾市、人吉市、南関町、水俣市、あさぎり町、山江村、津奈木町
愛媛県―八幡浜市
福岡県―福岡市、八女市、筑後市、小郡市、遠賀町、大木町、広川町、筑前町
佐賀県―小城市、白石町、みやき町
長崎県―諫早市、島原市、雲仙市
大分県―大分市、臼杵市、津久見市、佐伯市、玖珠町
宮崎県―延岡市
鹿児島県―長島町

地震回数　四三三七回（震度七＝二回、震度六強＝二回、震度六弱＝三回、震度五強＝五回、震度五弱＝一二回、震度四＝一一九回、震度三＝四一一回、震度二＝一一七七回、震度一＝二六〇六回）―二〇一七年五月三一日現在。本震が起きた四月一六日には一二二三回起きており、一日の回数としては観測史上最多。

[被害]

死亡（直接死）五〇人（熊本市四人、南阿蘇村一六人、西原村五人、御船町一人、嘉島町三人、益城町二〇人、八代市一人）

震災関連死（車中泊など）一七二人（熊本市六六人、嘉島町二人、大津町四人、合志市七人、益城町一七人、菊池市三人、八代市三人、南阿蘇村一一人、御船町八人、甲佐町三人、宇土市七人、宇城市八人、高森町三人、阿蘇市一八人、氷川町一人、西原村三人、菊陽町六人、美里町一人、山都町一人）

（震災関連死の多さが熊本地震の特徴の一つだ。二〇一七年四月一三日付熊本日日新聞朝刊の分析を紹介する。関連死の数字の違いは、統計をとった日の違いと、記事が大分県の三人を含めていることなどによる。記事によれば判明しているだけで、男性八八人、女性七六人。年代別では六〇代以上が九割を超え、多い順に八〇代が六二人、七〇代の三六人、九〇代の三二人と続く。五〇代以下は一二人。一〇〇歳代の女性や転院後に死亡した四歳女児のほか、車中泊をした女性から切迫早産で産まれ、三週間後に死亡した新生児もいた。また車中泊を経た後に死亡した人が少なくとも四一人、病院の被災に伴う転院後に死亡した人も同様に二六人いた。地震後に精神疾患を発症し自殺した人が四人いた）

大雨による二次災害死　五人（熊本市二人、宇土市二人、上天草市一人）

計二二七人

負傷者　二六九九人

（以上の項目は二〇一七年五月三一日まとめ）

避難者　最大一八万三八八二人（二〇一六年四月一七日、熊本県人口の約一割）
※自治体が開設した避難所で把握した数で、避難所以外の施設や公園、車中泊などは含まれていない。

住宅　全壊八三七九棟、半壊三万二四七二棟、一部損壊一三万八四五九棟、その他六四六棟
計一七万九九五六棟（豪雨被害のうち地震との関連性が認められたものも含む）

断水　約四二万七〇〇〇戸（約四五〇〇戸で断水中）
停電　約四五万五二〇〇戸（四月二〇日復旧）
ガス供給停止　一〇万八八四戸（四月三〇日復旧）
応急仮設住宅　一六市町村、一一〇団地、四三〇三戸で整備完了
みなし仮設住宅　二五市町村で一万五九二七戸の申請、提供予定一万四六〇〇戸
被害額（試算）
建築物（住宅関係）　二兆三七七億円
水道施設　一一九億円
電気・ガス施設　二八〇億円
医療・福祉施設関係　七五八億円
公共土木施設　二六八五億円

高速道路	三四二億円
文教施設（文化財除く）	九四四億円
その他の公共施設等	七三六億円
公共交通関係	八六億円
農林水産関係	一四八七億円
商工関係	八二〇〇億円
文化財	九三六億円
廃棄物処理	九〇〇億円
計	三兆七八五〇億円

文化財内訳＝指定文化財の被災状況は国（登録文化財含む）が九八件、県が五九件、市町村一九八件の合計三五五件となっている。熊本県文化課はこのほか未指定の文化財の被害を三七億七三〇〇万円と見積もる。国や県、市町村の補助事業で不足する分は、補助事業対象でない文化財の復旧支援も視野に、「被災文化財等復旧復興基金」を創設することにしている。全国初の試みで、既に民間からの寄付金八億円が寄せられている。

国指定

熊本城（熊本市）	六三四億円
熊本藩主細川家墓所（熊本市）	三億一一五六万円
阿蘇神社（阿蘇市）	一五億円

江藤家住宅（大津町）　一一億七七六〇万円
通潤橋と周辺の棚田景観（山都町）　二億四五四〇万円

県指定
ジェーンズ邸（熊本市）　五億八五九〇万円
旧細川刑部邸（熊本市）　五億円
八勢目鑑橋（御船町）　八〇〇〇万円
御霊塚古墳（山鹿市）　三〇〇〇万円

市町村指定
四時軒（熊本市）　二億八五〇〇万円
尾峰山福田寺の永仁五年五輪塔（益城町）　二億二六八〇万円

（以上の項目は二〇一六年九月一四日現在）

ボランティア参加者の推移

二〇一六年

四月	二一八三六人
五月	五二二四七人
六月	二〇四二四人
七月	一二二六五人
八月	六二三四人
九月	二九八八人
一〇月	一四三六人
一一月	八六〇人
一二月	四四二人

二〇一七年

一月	三三三人
二月	二八一人
三月	四四〇人
四月	四八〇人

計一二万二七四人

（熊本県社会福祉協議会が、市町村社会福祉協議会の設置する災害ボランティアセンターで活動したボランティア数をまとめた。二〇一六年五月には一日平均で約一七五〇人のボランティアだったが、その後減少し、九月は一日約九〇人に。当初は損壊した住宅の後片付けや炊き出しなどが多かったが、仮設住宅の整備が進み、各地の避難所が閉鎖されたこともあって、引っ越しの手伝いなどに変わった。また八月のお盆過ぎからは週末型の受け入れになった。二〇一七年からは仮設住宅の支援などが中心に。一七市町村で受け付けた）

［気象庁の修正］

熊本地震は気象庁の発表にも影響を与えた。

まずは大地震後の発表の在り方だ。これまで大地震の後の地震を「余震」という言葉で表現していたが、これを使わず、「同程度か、より規模の大きな地震発生もあり得る」などの表現で注意を呼び掛けることになった。

気象庁は熊本地震で、四月一四日午後九時二六分に、熊本県益城町で最大震度七を観測したマグニチュード（M）六・五の前震が発生した後、「震度六弱以上の余震が発生する可能性は、一五日一六時から三日間で二〇％」などと発表した。ところが一六日午前一時二五分にM七・三の本震が発生した。このため、前震後にいったん自宅に戻って被災したケースもあった。

また気象庁は一〇月一一日には、熊本地震の回数を精査した結果、これまでの発表の二倍の四〇八一回（一〇月一〇日現在）だったと修正した。特に本震が起きた四月一六日は一二二三回（修正前は二〇二回）と、一日の回数としては観測史上最多となった。

震度別回数は▽震度一　二四三四回（一四〇一回増）▽震度二　一一〇九回（四一八回増）▽震度三　三九九（一〇三回増）▽震度四　一一五回（一八回増）▽震度五弱　一二回（三回増）▽震度五強　五回（一回増）▽震度六弱　三回（増なし）▽震度六強　二回（増なし）▽震度七　二回（増なし）

（資料作成・高峰武）

◎熊本地震の経過

二〇一六年

四月一四日　二一時二六分ごろ、益城町で震度七、M六・五の「前震」発生▽気象庁「今後一週間、震度六弱程度の余震が発生する恐れ」▽県が災害対策本部設置、自衛隊に派遣要請▽九州新幹線の下り回送列車が脱線。九州自動車道が区間通行止め▽熊本城二の丸の石垣崩壊

四月一五日　〇時三分ごろ、宇城市豊野町で震度六強を観測▽気象庁が「平成二八年熊本地震」と命名▽県庁に政府の現地対策本部設置▽政府の地震調査委員会は「日奈久断層帯の北部区間がずれて発生した可能性高い」▽気象庁「三日間に震度六弱以上の余震が発生する確率は二〇％」▽県警が死者九人確認▽ソニー、ホンダなど県内立地工場が稼働停止▽熊本城の天守閣石垣や瓦崩落、長塀一〇〇メートル倒れる

四月一六日　一時二五分ごろ、益城町と西原村で震度七、M七・三の「本震」が発生。熊本市や南阿蘇村なども震度六強。その後も震度六弱以上が三回発生▽有明・八代海に津波注意報▽国道五七号寸断、阿蘇大橋崩落▽南阿蘇村でアパート損壊、東海大学生ら死亡。新たに三二人死亡で死者計四一人に▽熊本空港ターミナルビル閉鎖で全便欠航▽断水三七万戸、停電八万戸▽熊本城東十八間櫓など壊れ、飯田丸の石垣も崩れる。ジェーンズ邸、阿蘇神社楼門など全壊▽益城町役場庁舎、宇土市役所本庁舎が使用不能

四月一七日　八代市庁舎が使用中止▽避難者は最大一八万三八八二人に

四月一八日　車中泊の女性がエコノミークラス症候群で死亡▽トヨタが全国の車両組立工場で生産を段階的に停止▽大津町の庁舎使用不能
四月一九日　熊本空港一部運航再開▽八代市で震度五強
四月二〇日　九州新幹線の新水俣―鹿児島中央が再開▽九電が県内全域の停電解消発表
四月二一日　地震後初の大雨。避難指示・勧告一一万七二八七世帯二九万四四四六人▽ＪＲ鹿児島線全線復旧
四月二二日　国重文を文化庁初調査、一三棟破損を確認▽人吉市本庁舎を使用中止
四月二三日　九州新幹線の熊本―博多が再開
四月二五日　熊本地震を激甚災害指定、死者四九人に
四月二六日　熊本市の学校一三四棟「危険」判定。県教委の一〇〇施設調査「危険」八棟▽九州道の嘉島―八代開通
四月二七日　九州新幹線が全線復旧▽被災家屋二万七千棟と県発表
四月二八日　震度一以上一〇〇〇回超える。最多ペース
四月二九日　九州道全区間復旧▽大型連休で全国からボランティア続々
四月三〇日　西部ガスが都市ガス復旧完了を発表▽国交省が応急危険度判定で「危険」と判定した建物一万二〇〇〇棟。東日本大震災上回る
五月二日　福岡を除く九州六県のキャンセル約五三万泊に
五月三日　サントリー工場再開に「数カ月」
五月四日　国際記念物遺跡会議（イコモス）が歴史的建造物の被害確認
五月六日　トヨタ全工場再開

五月七日　県立美術館が収蔵品九五点損傷と発表
五月八日　熊本市が拠点避難所二一カ所を設置
五月九日　特別法制定を蒲島知事が安倍首相に要望
五月一〇日　復旧に向けた補正七七八〇億円と政府方針
五月一一日　県内の全小中学校の休校解消
五月一六日　水前寺成趣園が再開。東海大熊本キャンパス、平成音大が一カ月ぶりに授業
五月一九日　天皇、皇后両陛下が南阿蘇村や益城町の避難所を慰問
五月二四日　やまなみハイウェイ復旧
五月二八日　熊本市の県立美術館本館が再開
六月一日　鶴屋百貨店が全館営業再開
六月二日　熊本空港の国内線全便運航が再開
六月四日　九州北部地方が梅雨入り
六月一二日　八代市で震度五弱。五弱以上は四月一九日以来
六月一九日　県の「くまもと復旧・復興有識者会議」が最終提言、創造的復興呼び掛け
六月二一日　二〇日夜から大雨。熊本市など四市町で六人死亡
六月二二日　参院選公示
七月一日　東海大熊本キャンパス（熊本市）で農学部阿蘇キャンパス（南阿蘇村）の授業再開▽九州七県への旅行を促す割安商品「九州ふっこう割」の販売始まる
七月四日　九州新幹線が通常ダイヤに

七月九日　ＪＲ豊肥線の阿蘇—豊後荻が運転再開
七月一〇日　参院選投開票
七月一五日　六月の大雨による土砂災害で死亡した五人を地震の二次災害被害と認定
七月二〇日　県警は前震直後にライオンが逃げたというデマを流したとして、偽計業務妨害の疑いで神奈川県の男性会社員を逮捕▽政府が熊本地震の初動対応について検証会議報告書を公表。「プッシュ型」物資支援の問題点など盛り込む
七月二二日　被災企業へのグループ補助金一次締め切り。一〇四九社が三三三億円分申請
七月二四日　本震から一〇〇日。益城町と西原村で犠牲者慰霊祭
七月二六日　震度一以上の地震がゼロ。前震発生から一〇四日目で初めて▽大西熊本市長が熊本城天守閣を二〇一九年度までに再建し、城全体を三五年度までに被災前の状態に戻す意向表明
七月二九日　県が「復旧・復興プラン」の原案を公表。四年後の自宅再建、災害公営住宅入居などを目標に掲げる
七月三一日　南阿蘇鉄道が高森—中松で一〇八日ぶりに運行再開
八月四日　第六回熊本城マラソンは来年二月一九日に開催と発表
八月七日　甲子園で全国高校野球開会式。県内の被災球児が始球式、入場行進先導務める
八月一五日　政府の地震調査研究推進本部は、活断層帯の長期評価を三〇年以内に起きるリスクの高い順に四段階に分けて公表する見直し案をまとめる
八月二二日　ホンダ熊本が二輪大型モデルの生産再開
八月三〇日　県災害対策本部が解散

八月三一日　熊本、宇城市で震度五弱。震度五弱以上は六月一二日以来
九月一〇日　四～六月の急性心筋梗塞患者が前年同期比約一・一六倍と判明
九月一五日　熊本市の最後の避難所閉鎖
九月一六日　阿蘇山上への登山道路が五カ月ぶり開通▽政府の現地対策本部解散
九月二〇日　県内基準地価（七月一日現在）で益城町など被災地の下落が顕著
九月二九日　熊本市は新生児を震災関連死と初認定
一〇月八日　一時四六分ごろ、阿蘇中岳第一火口が爆発的噴火。三六年ぶり、噴煙が観測史上最高の一万一〇〇〇㍍に。四国で降灰確認
一〇月一一日　気象庁が熊本地震の地震回数（震度一以上）を精査し、一〇日現在で二一三七回としていた回数を約二倍の四〇八一回だった、と修正
一〇月三一日　益城町が避難所を閉鎖、御船、大津町も。残る避難所は西原村、美里町の各一カ所に
一一月一日　阿蘇神社の復旧工事開始、熊本城の「復興城主」受け付け始める
一一月一四日　前震から七ヵ月。県が整備予定の応急仮設住宅一一〇団地四三〇三戸が完成
一一月一八日　西原村の避難所閉鎖、県内の全指定避難所なくなる
一二月一日　ユーキャン新語・流行語大賞の選考委員特別賞に「復興城主」
一二月二八日　県道菊池阿蘇スカイラインが八ヵ月ぶりに再開

二〇一七年

一月二四日　東海大学が南阿蘇村のキャンパス存続を発表。実習中心に活用
一月二九日　昨年四月～九月の「ふるさと納税」の熊本県への寄付が全国一位。熊本市は三位
二月一六日　県内の罹災証明書の交付申請が二〇万件を超える
二月二五日　熊本市動植物園が約一〇カ月ぶりに部分開園。約六六〇〇人が来園
二月二六日　阿蘇五岳の山麓一帯で野焼き。地震の影響で二牧野が断念
三月三日　県内の外国人宿泊者は前年比約二〇万人減。減少率は全国ワースト
三月一〇日　国道五七号の新ルートのトンネル工区を二〇二〇年七月末完成を目指すと国土交通省
三月一一日　東日本大震災六年。県内各地で追悼式
三月三一日　熊本市など一六市町村が「罹災証明書」の申請受け付け終了
四月三日　益城町の惣領仮設団地で独居男性（六一）が死後発見。孤独死とみられる。
四月一三日　県の集計で二万二〇六世帯、四万七七二五人が県内外の仮設住宅や公営住宅で〝仮住まい〟を強いられていることが判明
四月一四日　県主催の追悼式
四月一七日　県が、みなし仮設で死亡した三人を「孤独死」と発表。被災者の孤独死は四人に
五月二五日　合志市が五〇代女性一人を震災関連死に認定し、震災関連死一七二人に。直接死五〇人、大雨による二次災害死五人を合わせ計二二七人に

（年表制作・高峰武）

おわりに

地鳴り、というものをはっきりと認識するようになったのは熊本地震によってである。「ど、ど、ど」。こんな音が聞こえたかと思えば、まもなくして足元が激しく揺れる。思わずテーブルや机をつかむ。こんなことを何回繰り返しただろうか。揺れる地表と大気が擦れ合う音だというが、大地のうめきにも似て何ともすさまじい。二〇一六年四月一四日午後九時二六分の前震、一六日午前一時二五分の本震。いずれも震度七。半年で約四〇〇〇回を数えた大地の揺れ。不動のはずの大地が揺れ続け、私たちは翻《ほん》弄《ろう》された。熊本は、地震の「あの日」の前と後では変わった。さらに言えば、変わらなければならない。

二〇一六年という年は熊本県民にとって忘れられない年になった。

思えばこの年は、二月に「数十年に一度」という強い寒気の影響で熊本は記録的な大雪となり、球磨郡あさぎり町の氷点下一三・八度をはじめ九カ所で観測史上最低を更新した。この寒波は鹿児島県奄美大島では一一五年ぶりの雪を降らせた。そして四月の熊本地震である。その後の豪雨災害、夏の酷暑、地震から半年たった一〇月には三六年ぶりという阿蘇中岳の爆発的噴火、降灰があった。暮れの一二月には県北部の南関町で鳥インフルエンザの発生も。自然の猛威にさらされ続け、「なぜ熊本ばかりが」という声も県民の間で聞かれることもあった。

復旧、復興は少しずつ「前に」進んでいるが、地域、個人それぞれに「復興の速度」があり、それは一様ではない。それもまた現実だ。

物理学者の寺田寅彦は「天災は忘れたころにやってくる」という警句を発したことで知られるが、これまでのところ実際にそう書いたものは見つかっていない、と指摘する研究者もいる。しかし、日ごろ自然災害について多様な発言を行っており、一つ一つが味わい深い。一九三四（昭和九）年に書かれた「天災と国防」と題したエッセイもその一つ。「わが国のようにこういう災禍が頻繁であるということは一面から見ればわが国の国民性の上に良い影響を及ぼしていることも否定し難いことであって、数千年来の災禍の試練によって日本国民特有のいろいろな国民性のすぐれた諸相が作り上げられたことも事実である」

この文章には少し説明が必要だろう。前段では、災害の怖さと私たちの油断を戒める言葉が続き、そしてこう言うのだ。災害に耐え、克服することで日本人の優れた精神がつくられてきた、と。また翌年の一九三五年の「災難雑考」では「日本人を日本人にしたのは実は学校でも文部省でもなくて、神代から今日まで根気よく続けられて来たこの災難教育であったかもしれない」とも書く。熊本地震を体験し、寺田寅彦の文章を久しぶりに読み返し、災害と闘ってきた日本人の長い歴史を思った。

熊本大学名誉教授で俳誌「阿蘇」を主宰する岩岡中正氏から熊本地震をめぐる出版の話が出た時には、内容の具体的イメージはなかったが、その後の検討を重ねるなかで渡辺京二氏の原稿や被災地からの報告、さらには岩岡氏の震災俳句、九州郷土誌専門店舒文堂《じょぶんどう》・河島一夫《いつお》氏の「震災日記」、熊本大学文学部教授の稲葉継陽氏の古文書から読み解く災害と復興の記録などの原稿がそろい、一つの光源だけではなくさまざまな角度から熊本地震に光を当てることができたように思う。もっとも、本書は熊本地震の記録の一部であって、熊本地震をめぐる事象の全体でないことは言うまでもない。本のプランが私たちの頭の中にあった段階から出版の具体化まで的確なご助言をいただいた弦書房の小野静男社長に心から感謝したい。

二刷に当たっては震災関連死者数などを二〇一七年五月三一日現在とした。

二〇一七年六月

高峰　武

補記

二〇一六年四月の熊本地震は一年が経過し、仮設住宅での孤独死などさまざまな問題が浮かび上がっている。二〇一七年四月一七日付の熊本日日新聞のコラム「想」は、「もう一年、まだ一年…」の見出しで一年後の熊本を伝えた。（高峰記）

玄関横の電気のメーターが止まったままでした。

この部屋の男性は三月末、仮設住宅でいわゆる「孤独死」の状態で見つかりました。主《あるじ》がいないのですから電気のメーターが止まるのは当然なのですが、しかし目前にするとやはり、いなくなったという現実が真っすぐ伝わります。

六一歳。関係者の話では、一人暮らしだった益城町で熊本地震に襲われ、仮設住宅に入りました。発見される三日前に訪ねたという仮設住宅の自治会長は、「トントンとたたきましたが、返事がなくて。あの時、何かしておれば…」と悔やむのですが、六三世帯、約一四〇人が暮らす仮設の運営はそう簡単ではありません。

隣への配慮から、テレビもヘッドホンを付けて見る人がいます。高齢者が多いのですが、小学生もいます。職業も違います。どうやって、「孤独死」を防ぐか。安否を知らせる黄色い旗運動が始まりました。朝、旗を玄関に差し、夕方に引き抜く。こうして一日の無事を知らせるのです。

阪神淡路大震災でも東日本大震災でも起きた「孤独死」。熊本も例外ではなくなりました。「みなし仮設」で一人暮らしの人が亡くなってもいます。実はこの「孤独死」は震災以前から私たちの社会にあったこと。それが地震で一段と見えるようになったのだとも言えます。「隣近所の顔がようやく分かりかけてきました。

時間を待つしかありません」。自治会長の言葉が耳に残ります。

もう一年…、まだ一年。一四日の前震、一六日の本震。地震の被害は人によって、地域によって違います。この「一様ではない」ということを忘れないようにしたいと思います。

「被災者に寄り添う」。いろんなところで聞かれます。どう寄り添うか。どんな寄り添い方があるのか。復興の過程はしゃくし定規ではなく、柔らかく。そう考えたいものです。

熊本地震は私たちに足元の歴史を見直すきっかけを与えてくれました。代表的な例が熊本城です。

「これだけは書かねばならない思いでやってきました」。そんな便りとともに届いたのは「細川忠利期における熊本城普請」という論文です。熊本大学永青文庫研究センター特別研究員の後藤典子さんがまとめました。

同研究センターは熊本地震を受けて、約五万八千点の永青文庫の史料から、江戸時代の地震などの天災と熊本城の被害・修復の歴史を調べました。これまで一部紹介されていますが、明らかになったのは地震による熊本城被害の大きさと、「水の国熊本」の洪水の多さでした。

初代熊本藩主細川忠利は江戸にいる息子の六《ろく》（光尚《みつなお》）に書いています。

「中〳〵本丸あふなく候付而、居不申候（本丸は危険で自分は居ない）」

「私たちは、ずっと完成された美しい熊本城をあるべき姿と思ってきた。しかし江戸時代の熊本城はそこかしこが壊れ、修復に追われていた」。後藤さんはこう書きます。

三月末に出版された『熊本地震2016の記憶』（弦書房）の編集を手伝いましたが、その中に、熊本市の古書店・舒文《じょぶん》堂河島書店の河島一夫《いつお》さんの「震災日記」があります。河島さんは四月一四日の前震以来、毎日欠かさず日記をつけており、半年分を本に掲載しました。一五日付の本紙文化面でも紹介されましたが、日記は今も書き続けています。

一月二日　晴れ　開店準備をする。三階は足の踏み場もないほど子どもたちでいっぱいだ。子どもや孫が来た正月の風景です。

四月一日　晴れ　ひつぎに好物のスイカ等を入れ、霊きゅう車にて葬儀場を出る。店に六時半前に帰ってきたが、仕事をする気にならない。

前々日に姉が亡くなったのです。

旧知の作家・出久根達郎さんから「日記は始めたら死ぬまで書かないとだめですよ」と励まされたと笑います。日記の書き続けも自分でできる震災の記録です。

被災二四市町村の本年度当初予算は一八自治体で過去最大額。起債、基金の取り崩し、事業の先送りなどで当面の対応をしていきますが、影響はこれから。人口流出も深刻です。

例えば益城町のがれき処理の最終的な地元負担は〇・三二％になった、という説明がなされています。しかし、負担の減少が被災地から訴えられた結果というのであれば、国の在り方として貧弱過ぎはしないか、と思うのです。自然災害に国が万全の措置を取る。それは、補助率の多少の話ではありません。そして問われているのは熊本だけの問題ではありません。災害列島日本という国の大本の恒久的な在り方です。それがまだ見えません。

（平成二九〈二〇一七〉年四月一七日、熊本日日新聞「想」）

〔執筆者紹介〕（掲載順）

渡辺京二（わたなべきょうじ）
一九三〇年京都市生まれ。日本近代史家。主な著書『北一輝』（ちくま学芸文庫、毎日出版文化賞）『日本近世の起源』（洋泉社）『逝きし世の面影』（平凡社、和辻哲郎文化賞）『未踏の野を過ぎて』『もうひとつのこの世――石牟礼道子の宇宙』『万象の訪れ―わが思索』『新編・荒野に立つ虹』（以上、弦書房）『黒船前夜―ロシア・アイヌ・日本の三国志』（洋泉社、大佛次郎賞）『幻影の明治―名もなき人びとの肖像』（平凡社）など。

緒方正人（おがたまさと）
一九五三年熊本県芦北町生まれ。漁業。一八人きょうだいの末っ子として生まれ、網元だった父や母、きょうだいも水俣病患者。未認定患者運動の最前線にいたが、「システム化された水俣病」に疑問を持ち、申請運動から離れ、「チッソは私であった」と宣言。「生き物の命の問題としての水俣病」を問い続けている。著書『チッソは私であった』（葦書房）

高峰　武（たかみねたけし）
一九五二年熊本県玉名市生まれ。熊本日日新聞論説主幹。著書に『新版　検証・免田事件』（現代人文社）、『水俣病を知っていますか』（岩波ブックレット）など。

浪床敬子（なみとこけいこ）
一九七〇年熊本県益城町生まれ。熊本日日新聞社社会部編集委員。政経部、社会部、文化部などを経て、二〇一五年三月より現職。

和田　要（わだかなめ）
一九四八年熊本県益城町生まれ。熊本学園大学社会福祉学部教授（社会福祉学）。著書に『スクールソーシャルワーカーの日韓比較について』（海外事情研究所、熊本学園大学）、『介護事例研究の手引き』三版（日総研）、『日中両国の政治・社会・経済的諸課題』（御茶ノ水書房）ほか。

毛利聖一（もうりせいいち）
一九六四年熊本市生まれ。熊本日日新聞社編集委員。政経部、東京支社などを経て二〇一六年三月より現職。

岩岡中正（いわおかなかまさ）

一九四八年熊本市生まれ。熊本大学名誉教授、博士（法学）。俳誌「阿蘇」主宰。著書に、『詩の政治学―イギリス・ロマン主義政治思想研究』（木鐸社）、『石牟礼道子の世界』（編著、弦書房）、『ロマン主義から石牟礼道子へ』（木鐸社）『虚子と現代』（角川書店）、『子規と現代』（ふらんす堂）、『魂の道行き――石牟礼道子から始まる新しい近代』（弦書房）。句集に『春雪』（熊日文学賞）『夏薊』（以上、ふらんす堂）『相聞』（角川書店）。

河島一夫（かわしまいつお）

一九五二年熊本市生まれ。（有）舒文堂河島書店代表取締役、上通商栄会会長、熊本県古書籍商組合長、熊本グリーンロータリークラブ会長、熊本県立美術館友の会世話人。

稲葉継陽（いなばつぐはる）

一九六七年栃木県生まれ。熊本大学文学部教授、文学部附属永青文庫研究センター長。著書に『戦国時代の荘園制と村落』（校倉書房）、『日本近世社会形成史論』（校倉書房）、「中世の社会体制と国家」（『日本史研究』六〇〇号）、『日本近世の領国地域社会』（共編著、吉川弘文館）ほか。専攻は日本史学（中世史・近世史）

〔**熊本城・阿蘇神社等被災文化財復興支援募金**〕

肥後銀行　県庁支店　口座種類　普通口座　口座番号　１６３９５４７
熊本銀行　県庁支店　口座種類　普通口座　口座番号　３０１２５３６
熊本第一信用金庫　本店営業部
　　　　　　　　　口座種類　普通口座　口座番号　１２１４５５９
熊本信用金庫　本店営業部
　　　　　　　　　口座種類　普通口座　口座番号　１１９２８３８
熊本中央信用金庫　本店営業部
　　　　　　　　　口座種類　普通口座　口座番号　０３３８７２３
口座名義　熊本《くまもと》文化財《ぶんかざい》復興《ふっこう》支援金《しえんきん》　熊本県《くまもとけん》知事《ちじ》　蒲島郁夫《かばしまいくお》

〔**熊本城災害復旧支援金**〕

【肥後銀行】・支店名：熊本市役所支店　・科目：普通　・口座番号：1471716
・口座名義：熊本城災害復旧支援金（クマモトジヨウサイガイフツキユウシエンキン）

【熊本銀行】・支店名：花畑支店　・科目：普通　・口座番号：3093417
・口座名義：熊本城災害復旧支援金（クマモトジヨウサイガイフツキユウシエンキン）

〔「復興城主」〕

熊本城総合事務所及び「桜の馬場　城彩苑」内の歴史文化体験施設「湧々座」にて受付を行っているほか、ゆうちょ銀行で専用の振込用紙にて、1回につき1万円以上の寄附の人を「復興城主」として、城主証や城主手形を交付する。

■受付方法（金融機関での振り込み）受付場所の熊本城総合事務所・城彩苑「湧々座」か専用の振込用紙（兼寄附申込書）を取り寄せ、最寄りのゆうちょ銀行から振込む。

■問合せ先

経済観光局　観光交流部　熊本城総合事務所

電話：096-352-5900　FAX：096-356-5655

メール：kumamotojou@city.kumamoto.lg.jp

〔熊本市文化財災害復旧支援金〕

「熊本藩主細川家墓所」や、現存する熊本最古の洋風建築であり日本赤十字社発祥の地である「洋学校教師館（ジェーンズ邸）」、坂本龍馬にも影響を与えた幕末の思想家横井小楠の旧居「四時軒」など熊本城以外の文化財の復旧に向けた支援の口座

【肥後銀行】・支店名：熊本市役所支店　・科目：普通　・口座番号：1474499

・口座名義：熊本市文化財災害復旧支援金（クマモトシブンカザイサイガイフツキユウシエンキン）

熊本地震２０１６の記憶

二〇一七年三月三〇日第一刷発行
二〇一七年六月三〇日第二刷発行

編著者　岩岡中正
　　　　高峰　武

発行者　小野静男
発行所　株式会社　弦書房
（〒８１０・００４１）
福岡市中央区大名二－二－四三
ＥＬＫ大名ビル三〇一
電　話　〇九二・七二六・九八八五
ＦＡＸ　〇九二・七二六・九八八六

印刷　アロー印刷株式会社
製本　篠原製本株式会社

ISBN978-4-86329-149-2 C0036

◆弦書房の本

熊本城のかたち　石垣から天守閣まで

熊本日日新聞社編集局編　築城400年を迎えた熊本城をくまなく歩いてその全貌に迫った写真記録集。石垣、門、櫓、天守閣と新築なった本丸御殿など日本三大名城にふさわしい魅力の数々を伝える。
〈菊判・160頁〉【3刷】2000円

【第36回熊日出版文化賞】

熊本の近代化遺産《上巻》熊本市・県央

熊本の近代化遺産《下巻》県北・県南・天草

熊本産業遺産研究会・熊本まちなみトラスト編
明治日本の産業革命遺産（世界遺産推薦）の構成資産のうち「三角港」「万田坑」の二つの遺産を含む一一四の近代化遺産群を上下巻で紹介。カラー写真と詳細な解説付。《上巻》冨重写真所／第五高等中学校本館・化学実験場・表門／国有鉄道鹿児島線上熊本駅舎／緑川水系の発電所群／三角港 他《下巻》万田坑／八千代座／日本窒素肥料㈱石灰窒素製造工場／八代海干拓施設群／陸軍人吉秘匿飛行場木製掩体壕／大江天主堂／崎津天主堂 他
〈A5判・176頁〉各1900円

福島・三池・水俣から「専門家」の責任を問う

三池CO研究会　福島原発事故後「専門家」は責任を果たしているのか。「三池」や「水俣」での教訓は「福島」で生かされているのか。専門家（医師、技術者、研究者、法律家、ジャーナリスト等）が果たすべき責任とは何かを問い直す。
〈A5判・150頁〉1600円

阿蘇　森羅万象

大田眞也　全域でジオパーク構想も進む阿蘇をもっと深く知るための阿蘇自然誌の決定版！　世界最大のカルデラが育んだ火山、植物、動物、歴史をわかりやすく紹介。写真・図版200点余収録、自然の不思議と魅力がつまった一冊。
〈A5判・246頁〉2000円

なぜ水俣病は解決できないのか

東島大　公式確認より半世紀が過ぎても未だ解決をみない水俣病事件の経緯と現在の問題点を、患者・支援者・研究者・官僚・チッソ幹部等の証言と、チッソ分社化、特措法を含む最新の情報で伝える入門書。用語集・年表付。
〈A5判・280頁〉2100円

＊表示価格は税別